TEST

WAS BRINGT MICH AUS DEM GLEICHGEWICHT?

Nehmen Sie sich fünf Minuten Zeit und finden Sie heraus, in welche Ruheräuber-Falle Sie besonders oft tappen!

	1	2	3	4	5

35. Bücher lege ich weg, bevor ich sie zu Ende gelesen habe. (M)

36. Ich kaufe mehr, als meine Finanzen eigentlich erlauben. (S)

37. Ich bin motorisch unruhig, wippe mit den Füßen, klackere mit dem Kugelschreiber ... (M)

38. Ich beginne eine neue Aufgabe ganz enthusiastisch, verliere dann aber die Lust und schließe sie nicht ab. (M)

39. Ich beneide andere um ihre Fähigkeiten und ihr Können. (H)

40. Ich kaufe Dinge, die ich eigentlich gar nicht brauche. (S)

41. Der Hochstimmung beim Shoppen folgt bei mir ein schlechtes Gewissen. (S)

42. Mir ist sehr wichtig, was andere von mir denken. (H)

43. Schnäppchen ziehen mich unwiderstehlich an. (S)

44. Wenn ein Scherz auf meine Kosten geht, fühle ich mich beschämt und würde am liebsten flüchten. (H)

45. Ich achte penibel darauf, keine Fehler zu machen und nichts zu vergessen. (H)

Die Auswertung finden Sie im Buch ab Seite 122.

                                                                    1 2 3 4 5

21. Die Details einer Aufgabe oder eines Projekts vernachlässige ich eher. (M)

22. Kritik trifft mich hart. (H)

23. Wenn es mir nicht gut geht, gebe ich besonders viel Geld aus. (S)

24. Einkaufen lenkt mich von Problemen und Sorgen ab. (S)

25. Wenn ich glaube, dass jemand wütend auf mich ist, kann ich deswegen nächtelang nicht schlafen. (H)

26. Ich mache Sorgfaltsfehler bei der Arbeit. (M)

27. Stimmungen anderer beeinflussen mich stark. (H)

28. Einkaufen hebt meine Stimmung und es beruhigt und entspannt mich. (S)

29. Untätigkeit und Leerlauf kann ich nur schwer ertragen. (M)

30. Andere können meine Gefühle leicht verletzen. (H)

31. Ich habe eine Abneigung gegen Orte, an denen es laut und hektisch zugeht. (H)

32. Wenn Abwarten oder Zuhören von mir erwartet werden, werde ich schnell ungeduldig. (M)

33. Sonderangebote locken mich, auch wenn ich das Angebotene gerade nicht benötige. Irgendwann kann man doch alles mal brauchen. (S)

34. Wenn ich unverhofft zu einem Geldsegen komme, gebe ich das Geld schnell aus. (S)

SIGRID ENGELBRECHT

SCHALT DIE WELT
AUF PAUSE

DIE GU-QUALITÄTS-GARANTIE

Wir möchten Ihnen mit den Informationen und Anregungen in diesem Buch das Leben erleichtern und Sie inspirieren, Neues auszuprobieren. Bei jedem unserer Produkte achten wir auf Aktualität und stellen höchste Ansprüche an Inhalt, Optik und Ausstattung. Alle Informationen werden von unseren Autoren und unserer Fachredaktion sorgfältig ausgewählt und mehrfach geprüft. Deshalb bieten wir Ihnen eine 100%ige Qualitätsgarantie.

Darauf können Sie sich verlassen:
Wir legen Wert darauf, dass unsere Gesundheits- und Lebenshilfebücher ganzheitlichen Rat geben. Wir garantieren, dass:
- alle Übungen und Anleitungen in der Praxis geprüft und
- unsere Autoren echte Experten mit langjähriger Erfahrung sind.

Wir möchten für Sie immer besser werden:
Sollten wir mit diesem Buch Ihre Erwartungen nicht erfüllen, lassen Sie es uns bitte wissen! Wir tauschen Ihr Buch jederzeit gegen ein gleichwertiges zum gleichen oder ähnlichen Thema um. Nehmen Sie einfach Kontakt zu unserem Leserservice auf. Die Kontaktdaten unseres Leserservice finden Sie am Ende dieses Buches.

GRÄFE UND UNZER VERLAG
Der erste Ratgeberverlag – seit 1722.

INHALT

Ein Wort zuvor 5

WIE WIR UNSERE ZEIT FÜLLEN 7
Nur einen Mausklick entfernt 8
Multitasking im Beruf: Überlebenskampf 2.0 8
Damals und heute 9
Wo bitte ist hier der Aus-Schalter? 11
Das Ringen um Übersicht 13

SIEBEN HEBEL FÜR VERÄNDERUNG 17
1 Die Kunst, Prioritäten zu setzen 18
Der Wert des Wesentlichen 18
Was ist wichtig? 20
2 Knacken Sie Ihr Reaktionsschema! 32
Zwischenschritt: die Bewertung 33
Vom Impuls zur Gewohnheit 36
Lust auf Neues 40
Müssen und Muße 43
Teamwork von Kopf und Bauch 46

3 Wagen Sie Ihren eigenen Weg	48
Was wir früh lernen	48
Was alles so hereinschneit	50
4 Nehmen Sie Tempo raus	56
Mehr Gelassenheit!	56
Der Mythos Multitasking	58
Hektik ist auch nur eine Gewohnheit	62
5 Zeit, Raum und Stille erleben	69
Unsere wahren Luxusgüter	69
Meditation: eine neue Zeitqualität	72
Orte der Stille und Muße	77
6 Selbstbestimmt entscheiden	80
Von der Lust und Qual des Abwägens	80
Aktive Selbstsorge	84
7 Konzentrationsfähigkeit stärken	92
Trainieren Sie, bei der Sache zu bleiben	92
Zentrieren Sie sich	95
Üben Sie sich im Jonglieren!	100

GELASSENHEIT ALS LEBENSSTIL 103

Bewahren Sie Ihre innere Unabhängigkeit	104
Vorsicht, Rückwärtsgang!	104
»Hin zu« statt »weg von«	104
Die Kunst des (Er-)Wartenkönnens	109
Eigene Rhythmen finden und bewahren	115
Auswertung des Ruheräuber-Tests	122
Bücher, die weiterhelfen	124
Sachregister	125
Übungsregister	126
Impressum	128

SIGRID ENGELBRECHT

Jahrgang 1954, ist NLP-Coach und Bestseller-Autorin. Sie arbeitet seit rund 18 Jahren selbstständig als Diplom-Designerin und leitet Workshops und Seminare – vor allem in den Bereichen Kreativität, Selbstmanagement und Gesundheit. Zunächst studierte sie Textil- und Grafikdesign und gründete eine Familie, später absolvierte sie Ausbildungen als Trainerin und Beraterin. Unter dem Titel »Lass los …« hat sie bei Gräfe und Unzer bereits mehrere sehr erfolgreiche Bücher geschrieben.

*»Erobern Sie sich Ihre Zeit zurück!
In diesem Buch begleite
ich Sie dabei.«*

EIN WORT ZUVOR

Befreien Sie sich vom Vielzuviel

Haben Sie in der Vielfalt an Informationen manchmal das Gefühl, Sie würden in einem kleinen Boot gegen riesige Wellen ankämpfen? Vielen Menschen geht es heute so. Unser (Arbeits-)Alltag ist von Herausforderungen geprägt, die überbordende Vielfalt an Angeboten und Anliegen anderer gehören zum Leben wie Marmelade zum Brötchen. Tagtäglich konkurrieren unzählige Reize um unsere Aufmerksamkeit. Wir sind ständig erreichbar, fast immer online, nahezu ununterbrochen ansprechbar. Die Medien und eine Vielfalt beruflicher und privater Kontakte bescheren uns die Qual der Wahl täglich neu.

Viele Menschen fühlen sich davon gestresst und wünschen sich mehr Ruhe und Gelassenheit in ihrem Alltag. Je eher Sie Anzeichen für Überforderung oder Überdruss erkennen, desto eher können Sie gegensteuern. In diesem Buch erfahren Sie: wo Ihre persönlichen »Einfallstore« liegen für Dinge, die Sie aus der Ruhe bringen. Wie es geschehen kann, sich durch impulsives Reagieren auf Reize selbst aus der Ruhe zu bringen, und was hilft, hier mit klarem Kopf zu reagieren. Und schließlich, welche Strategien sinnvoll sind, um die alltägliche Informationsflut zu meistern, und welche nicht. So entlasten Sie sich vom Vielzuviel. Sie finden hier außerdem viele praktische Übungen, denn was wir praktisch erproben, vertieft unser Wissen und stärkt unser Selbstvertrauen.

Ich wünsche Ihnen viel Erfolg auf dem Weg zu mehr innerer Freiheit!

Ihre

Sigrid Engelbrecht

WIE WIR UNSERE ZEIT FÜLLEN

◆

Immer mehr, immer schneller, möglichst viel auf einmal: Wie würden wohl unsere Ahnen unser Heute empfinden, könnten wir sie mit der Zeitmaschine abholen? Komfortabel oder viel zu komplex? Wäre ihre Sicht auf die Dinge hilfreich für uns, um auf der Überholspur des Alltags die Orientierung zu behalten?

NUR EINEN MAUSKLICK ENTFERNT ...

Tag für Tag setzen wir uns im Beruf und im Privatleben einer Flut von Informationen aus. Schon morgens beim Kaffeekochen präsentiert uns das Radio Nachrichten aus aller Welt, beim Frühstück überfliegen wir die Zeitung, während uns das Smartphone mit Infos aus dem Freundes- und Bekanntenkreis auf den neuesten Stand bringt.

Im Job warten schon tausend Dinge auf uns, die alle gleichzeitig und sofort erledigt werden wollen, begleitet von einem stetigen Strom an E-Mails und Telefonaten, die abermals neue Aufgaben mit sich bringen. Wie viele gute Ideen und Eingebungen mögen wohl täglich einfach nur deswegen untergehen, weil im falschen Augenblick das Telefon klingelt, weil die Bürotür aufgeht oder weil ein »Pling-Pling« des Mailprogramms einlaufende Nachrichten anzeigt!

> »Hektik lässt nicht reifen.«
>
> ELSE PANNEK

Nach der Arbeit: Erledigungen, Anrufe, Einkäufe und tausend weitere kleine To-dos. Das Internet sorgt dafür, dass wir ständig über mehrere Kanäle erreichbar sind. Unterbrechungen aller Art zerhacken unsere Zeit in kleine und kleinste Stückchen. Oft reicht es, nur ganz kurz abgelenkt zu sein – schon ist der rote (Denk-)Faden gerissen, sodass es uns schwerfällt, wieder an das Vorige anzuknüpfen.

MULTITASKING IM BERUF: ÜBERLEBENSKAMPF 2.0

Natürlich wollen wir möglichst effektiv und zeitsparend unsere Aufgaben erledigen und unseren Alltag meistern. Dabei müssen wir uns oft ganz schön strecken, um auf alles möglichst umgehend zu reagieren und den Anforderungen so rasch gerecht zu werden, wie es erwartet wird. Wie der Held in einem Kung-Fu-Film, der es mit einer ganzen Horde Gegner auf einmal aufnimmt, versuchen wir, alles gleichzeitig zu erledigen, was da auf uns einhämmert. Unser Leben gleicht mehr und mehr einer endlosen To-do-Liste, auf der immer dann, wenn gerade etwas erledigt ist, neue Aufgaben nachwachsen. Es gilt, auf dem Laufenden zu bleiben und die Kontrolle zu behalten.

Ein abgesagter Termin: eins der größten Geschenke, die uns jemand machen kann. Die unverhofft gewonnene Zeit: ein Glücksfall! Doch was sagt das über unseren normalen Arbeitsalltag aus?

Wer gibt den Rhythmus an?
Beruflich überlastet? Das liegt zu einem Teil an den explodierenden Anforderungen im Job. Natürlich tragen die Vorgesetzten Verantwortung für die Anforderungen, die in der Stellen- und der Arbeitsplatzbeschreibung festgehalten sind, und natürlich müssen auch Selbstständige mit den Gegebenheiten der Arbeits- und Geschäftswelt klarkommen. Doch geben wir allzu gern das Heft aus der Hand, schieben die Schuld für unsere Überlastung auf den Chef, die Kollegen, das Telefon, die Umstände. Dabei gibt es zum einen selbstverantwortliche Lösungen, um die Aufgaben besser zu strukturieren. Zum anderen kann jeder sich Methoden aneignen, mit dem Druck im Arbeitsalltag so umzugehen, dass er nicht zur physischen und psychischen Belastung wird.

DAMALS UND HEUTE

Noch vor rund hundert Jahren funktionierte Kommunikation viel einfacher und direkter als heute. Wenn unsere Urgroßeltern mit jemandem etwas zu klären hatten, setzten sie sich mit ihm zusammen, unterhielten sich mit ihm oder übermittelten ihm per Post einen handgeschriebenen Brief. Schreibmaschine oder Telefon gab es nur in wenigen Haushalten, und wenn man das Telefon benutzte, dann um kurz und knapp etwas zu vereinbaren, nicht für längere Gespräche. Heute verfügen wir neben dem Festnetzanschluss über mindestens vier weitere Kommunikationsmedien: Smartphone, E-Mail, SMS und Social Media mitsamt den zuschaltbaren Messaging-Diensten.

Aus dem munter sprudelnden Informationsfluss über den Gartenzaun hinweg ist ein mächtiger Datenstrom geworden. Unendlich viele Reize und Informationen bombardieren unsere Sinne, in jeder Minute müssen wir Entscheidungen treffen, worauf wir unsere Aufmerksamkeit richten wollen. Es fällt schwer, längere Zeit bei einer Sache zu bleiben, auch wenn tatsächlich einmal nichts Störendes unsere Zuwendung fordert. So sind wir oft nicht voll und ganz bei dem, was wir gerade tun, sondern unsere Gedanken eilen voran zu anderen Schauplätzen, zu all den Ich-muss-dann-nochs, den Ich-könnte-doch-schnells oder den sorgenvollen Was-mach-ich-bloß-wenns. Ganz so, als führten diese ein Eigenleben.

Die innere Unruhe wird zur zweiten Natur: das Gefühl des ständigen Angetriebenseins, das Verlangen, möglichst

VIELEN WIRD ES ZU BUNT

Laut Erhebungen des Statistischen Bundesamts fühlen sich rund elf Prozent aller Erwerbstätigen in Deutschland im Job unter Zeitdruck. Bei einer Studie der Techniker Krankenkasse im Jahr 2013 gab ein Drittel der Berufstätigen an, sich von der täglichen Informationsflut regelrecht überwältigt zu fühlen. Auch die Bundesanstalt für Arbeitsschutz und Arbeitsmedizin (BAuA) dokumentiert in einer Studie, wie stark Multitasking und Arbeitsunterbrechungen Beschäftigte in Unternehmen belasten und die Qualität ihrer Arbeit beeinträchtigen. Die meist unausgesprochene Zielvorgabe im Hintergrund lautet, stets auf dem neuesten Stand zu sein. Über 40 Prozent sehen sich durch häufige Anrufe und E-Mails empfindlich in der Bearbeitung ihrer täglichen Aufgaben gestört.

schnell eine Aufgabe vom Tisch zu kriegen, damit wir uns in die nächste stürzen können, die schon »mit den Hufen scharrt«. Besonders wenn wir uns allgemein überlastet fühlen, ist es, als würde etwas in uns selbst uns unentwegt vorwärtsscheuchen. Wir finden keinen Abstand mehr zu all dem, was erledigt werden muss, und spüren sogar unsere körperlichen Bedürfnisse kaum mehr.

WO BITTE IST HIER DER AUS-SCHALTER?

Mittagspause, Feierabend, Urlaub: Zeit zum Atemholen und Regenerieren? Wie seltsam es doch unseren per Zeitmaschine angereisten Ururgroßeltern vorkommen würde, dass wir gar nicht dran denken, all die blinkenden und piepsenden Apparate jetzt mal auszuschalten! Auch in unserer freien Zeit sitzen wir oft stundenlang vor Bildschirmen und halten Ausschau nach interessanten Neuigkeiten. Für den allzu häufigen Blick auf das Smartphone, um SMS oder E-Mails zu lesen, Posts zu checken oder nach den letzten Neuigkeiten zu surfen, wurde sogar ein eigener Begriff kreiert: phubbing aus phone und snubbing (vor den Kopf stoßen): Man postet, daddelt oder surft lieber, anstatt sich mit einem realen Gegenüber zu unterhalten.

Der Supermarkt der Möglichkeiten

Aus mehreren Möglichkeiten wählen zu können ist ein Ausdruck von Freiheit und Selbstbestimmung. Mehr als nur eine Option zu haben tut gut und gibt uns ein Gefühl der Souveränität. Gilt dann aber auch: Je mehr Möglichkeiten, desto mehr Freiheit? Nicht uneingeschränkt. Ab einem bestimmten Punkt ist die Fülle der Möglichkeiten kein Segen mehr, sondern zieht zeitraubende Entscheidungsprozesse nach sich.

Das fängt schon bei der Erdbeermarmelade im Supermarkt an. Zwanzig, dreißig, vierzig Sorten: Welches ist die beste, die allerleckerste? Genau die will ich – bloß nicht die zweitbeste Option wählen! Ist die Marmelade abgehakt, geht es um die Wahl zwischen dreißig Sorten Knäckebrot, vierzig Sorten Kaffee, fünfzig Sorten Joghurt. Je mehr Alternativen es gibt, desto mehr Aufwand, Energie und Zeit kostet es uns jeweils, unsere Wahl zu treffen.

WAS HAB ICH DA NUR GEKAUFT?

Verkaufspsychologen haben ermittelt, dass Impulskäufe im Einzelhandel 30 bis 60 Prozent des Umsatzes ausmachen. Manche Kunden lassen sich von Schnäppchen übermäßig locken, kaufen Unnötiges und bringen sich damit sogar in finanzielle Schwierigkeiten. Einsicht und Reue kommen meist zu spät. Schätzungen zufolge landen rund elf Millionen Tonnen Lebensmittel jährlich auf deutschen Mülllhalden, das meiste davon aus Privathaushalten.

In der überbordenden Vielfalt haben wir es uns stets auch selbst zuzuschreiben, wenn das Gewählte sich eben nicht als erste Sahne herausstellt. Wenn die Erdbeermarmelade nicht der Star am Frühstückstisch wird. »Hätte ich doch besser mal ...« lautet dann unser Bedauern. Wir haben falsch entschieden!
Anstatt uns mehr Freiheit zu geben, kostet der Überfluss an Wahlmöglichkeiten Zeit und macht uns dabei keineswegs glücklicher. Selbst wenn wir am Ende eine annehmbare Wahl getroffen haben, mindert der Zweifel daran, ob es nicht eine noch bessere hätte geben können, die Zufriedenheit. Also kaufen wir fortan im Zweifelsfall lieber zu viel. Was nicht schwer ist: Überall diese verlockenden Sonderaktionen, Sonderangebote, Schnäppchen hier und Schnäppchen da. Hier die leckeren Nektarinen, dort der Chablis im Angebot, da das besondere Olivenöl und schließlich die Flasche Aperitif – nur diese Woche mit dem passenden Glas als Dreingabe! So füllt sich der Einkaufswagen und eigentlich sind wir doch nur wegen einer Packung Spaghetti, zweier Gurken und einer Flasche Balsamico hergekommen. Impulsives Zugreifen gehört zum Einkaufsverhalten vieler Menschen. Jedoch werden wir durch Einkaufen nicht glücklicher. Es gibt uns einen Kick, stimuliert im Gehirn das Belohnungszentrum und sorgt für eine Hochstimmung, die meist rasch wieder verfliegt.

DAS RINGEN UM ÜBERSICHT

Wer impulsiv kauft, hat letztlich das gleiche Problem wie derjenige, der sich von einlaufenden E-Mails ablenken lässt: sich schwer gegen Reize abschirmen können. Was wir einmal erworben, erfahren, auf der Festplatte gespeichert haben, ist nun Teil unserer Umgebung. Der inneren Unruhe und der Überforderung, ständig Entscheidungen treffen zu sollen, entspricht dann oft auch eine äußere Unordnung: randvoll beladene Schreibtische, ein Datenchaos im Computer, vollgestopfte Regale und Schränke, Sachen, die kaputt gehen und nicht ersetzt werden, eine chronisch unaufgeräumte Wohnung. Alles viel zu viel.

Das Übermaß der um unsere Aufmerksamkeit buhlenden Sachen, Daten, Informationen, die Vielfalt an optischen und akustischen Reizen türmt sich vor uns auf und fordert eine Reaktion: Mach mich, bearbeite mich, erledige mich, entscheide dich. Du wolltest doch endlich mal. Warum hast du nicht.

Irgendwann fühlen wir uns wie Sisyphos, der bis in alle Ewigkeit einen Felsblock einen Berg hinaufwälzen muss. Jedes Mal, wenn Sisyphos fast am Gipfel angekommen ist, rollt der Felsblock wieder ins Tal hinunter. Es gibt immer genügend Unerledigtes, das genau dann in unser Bewusstsein dringt, wenn wir gerade etwas erledigt haben.

Die griechische Mythologie gibt noch mehr zu diesem Thema her, etwa das vielköpfige Schlangenwesen Hydra: Für jeden Kopf, den das Ungeheuer verliert, wachsen zwei neue nach …

Selbstbestimmung: eine Illusion?

Es sieht so aus, als würden wir durch die Überfülle der Möglichkeiten zu Leibeigenen vieler Dinge, die wir nicht zu ignorieren oder wegzuwerfen wagen. Schließlich könnte es ja doch wichtig sein, irgendwann noch gebraucht werden, nützlich sein für irgendetwas. Oh, würden wir uns ärgern, es dann nicht mehr zu haben! Aufheben und horten scheint viel einfacher zu sein als zu sortieren und Überflüssiges loszulassen.

> *»Ein Zuviel an Besitz besitzt den Besitzenden.«*
>
> LAO TSE IM TAO TE KING

»Ihr Paket befindet sich derzeit …«

Lange Schlangen im Supermarkt oder an der Kinokasse, rote Ampeln und das Warten im Wartezimmer machen nervös, ebenso ein Gegenüber, das langatmig ausholt, komplizierte Gebrauchsanweisungen oder Filme, die einfach nicht auf den Punkt kommen. Wenn der Fahrstuhl sich nicht sofort in Gang setzt, drücken wir rhythmisch auf die Türschließtaste. Alles hat reibungslos zu funktionieren, sodass wir keine Zeit verlieren. Ein Segen, dass wir dank Mobiltelefon keine Telefonzelle mehr suchen müssen. Auch die langwierigen Recherchen in der Bibliothek gehören dank Suchmaschinen im Web der Vergangenheit an. Selbst rechtsverbindliche Briefe können heute elektronisch versandt werden, was uns den Weg zur Post spart. Und die Sendungsverfolgung des Paketdienstes versorgt uns mit detaillierten Statusmeldungen.

Dass wir pausenlos erreichbar und verfügbar sind, hat seine Gefahren: Wenn wir eine Mail nicht sofort oder wenigstens innerhalb eines halben Tages beantworten, gibt das schon Anlass zum Stirnrunzeln, und wer binnen zwölf Stunden nicht auf eine Anfrage reagiert, gilt nicht nur als langsam, sondern zudem auch als unhöflich.

Wenn wir aber so vieles schnell und schneller tun, müssten wir doch eigentlich genügend Zeit für vieles andere haben, sozusagen über ein Zeitguthaben verfügen? Theoretisch ja. Doch Geschwindigkeit allein hilft uns nicht weiter. Denn je mehr Aktivitäten in die verfügbare Zeit hineinpassen, desto mehr wird von uns verlangt.

Oftmals entwickeln wir im Bestreben, möglichst viel in möglichst kurzer Zeit zu erledigen, eine beachtliche Geschäftigkeit, während die Produktivität niedrig bleibt: Viele kleine Häppchen unbedeutender Aufgaben werden erledigt, wichtige Projekte, die Konzentration und Ausdauer erfordern, werden verschoben oder bleiben ganz auf der Strecke. Busy doing nothing sagt man in den USA dazu.

> *»Die Zeit vergeht nicht schneller als früher, aber wir laufen eiliger an ihr vorbei.«*
>
> GEORGE ORWELL

Viel getan und viel versäumt

Hohes Tempo und überbordende Vielfalt haben auch viele angenehme Seiten: Wir freuen uns über den Reichtum an Neuem und Aufregendem und an der ständigen Abwechslung, dem Strom an Nachrichten aus aller Welt, der rasch wechselnden Mode, wollen an möglichst vielen Informationsströmen teilhaben, uns austauschen und die Neuigkeiten als Erste weitergeben. Wir wollen auf möglichst vielen Hochzeiten tanzen, weil wir fürchten, sonst etwas zu versäumen. Wir zappen uns durch die Programme und sausen stundenlang im Internet herum. Die vielen, oft zusammenhanglosen Reize zehren unsere Aufmerksamkeit und viele Stunden unserer kostbaren Zeit auf. Doch es ist schwer, sich loszureißen: Indem wir pausenlos geschäftig sind, haben wir eine ideale Ausrede vor uns selbst, wichtige Dinge beiseitezulassen, die anstrengend oder lästig sind. Wie viel Ruhe halten wir noch aus, ohne kribbelig zu werden und nach Beschäftigung zu gieren? Geht das überhaupt noch, sich einfach so auf eine Parkbank zu setzen und den Blick schweifen zu lassen, ohne Nutzen oder Erwartung? Ruhe, Stille und Leere werden oft nicht mehr mit Entspannung, Erholung und Balance assoziiert, sondern vielmehr mit Leerlauf und Langeweile. Jeder wache Moment muss effektiv genutzt und optimiert werden! Sobald eine Aktivität abgeschlossen ist, wird die entstandene Leere nicht dazu verwendet, Abstand zu finden, Pause zu machen, loszulassen, sondern sie wird sofort mit Gedanken an Künftiges gefüllt, die wieder zu neuen Aktivitäten führen. Hektik und Informationsdichte geben uns einen Kick.

Lassen Sie es genug sein

All die spannenden Möglichkeiten führen uns oftmals in die Irre – wir werden dann leicht reizbar, sind erschöpft, haben das Gefühl, nie genug zu erledigen und zu erfahren, und wir fürchten dauernd, etwas zu verpassen. Dabei können wir die Vielfalt viel mehr genießen, wenn wir uns weniger antreiben lassen und unser Leben wieder in die eigenen Hände nehmen. Das Ziel, den eigenen Rhythmus weitgehend selbst zu bestimmen, ist erreichbar. Also gehen Sie los: Ab in die Mitte!

SIEBEN HEBEL FÜR VERÄNDERUNG

◆

Nehmen Sie Ihr Leben in die eigenen Hände – für Ihr Glück, Ihren Erfolg, Ihre (all)tägliche Freude am Dasein. Alles, was Sie dafür brauchen, finden Sie in Ihrem mentalen Navigationssystem, die Betriebsanleitung folgt nun. Viel Spaß!

1 Die Kunst, Prioritäten zu setzen

Auch wenn der Tag hundert Stunden hätte: Sie würden nie all das unterbringen, das Sie erledigen oder erleben wollen, ob beruflich oder privat. Es gibt immer viel mehr Möglichkeiten, als Zeit zur Verfügung steht!

Folglich kann es nicht darauf ankommen, »alles« zu schaffen oder möglichst viel in jeden Tag hineinzustopfen. Vielmehr geht es darum, eine kluge Wahl zu treffen: sich bewusst für das eine und gegen die anderen Möglichkeiten zu entscheiden. Und es geht darum, dass wir uns bei Dingen, die uns nicht wichtig sind, keine komplizierten Entscheidungsverfahren aufdrängen lassen.

DER WERT DES WESENTLICHEN

Eines der Geheimnisse von Lebenszufriedenheit lautet: Weniges intensiv erleben, statt vieles flüchtig abzuhaken. In dem Maße, in dem Sie bewusst Prioritäten setzen und Unwichtiges beiseitelassen, kehren Ruhe und Klarheit in Ihren Alltag ein. Was Sie für sich als wichtig und vorrangig werten, gewinnt dann größere Bedeutung.

Prioritäten setzen bedeutet, bestimmte Lebensbereiche, Vorhaben, Aufgaben oder Projekte, beruflich wie privat, an erste Stelle zu setzen. Folgerichtig heißt dies, die zur Verfügung stehende Zeit und Energie und die finanziellen Mittel immer zuerst in das zu investieren, was Ihnen wirklich etwas bedeutet – bevor Sie sich um anderes kümmern, das auch noch zu erleben oder zu erledigen ist.

Doch wie sollen wir denn diese Erkenntnis umsetzen – wo wir doch ständig mit einem Vielzuviel an Informationen, an Dingen und an Möglichkeiten konfrontiert sind? Wo wir in einer Welt leben, die uns ständig diese tausend Möglichkeiten, tausend Dinge und tausend Informationen zur Verfügung stellt? Wo wir Tag und Nacht mit allem und jedem verbunden sein können? Geht das überhaupt?

> *»Der kürzeste Weg, um vieles zu erledigen, ist, immer nur eine Sache zu machen.«*
>
> SAMUEL SMILES

UNSERE INNEREN ANTREIBER

Der Begriff kommt aus der vom amerikanischen Psychiater Eric Berne begründeten Transaktionsanalyse. Innere Antreiber sind unbewusste Steuerungsmuster, die unser Denken, Fühlen und Verhalten, insbesondere auch unsere Entscheidungen, beeinflussen. Sie haben sich größtenteils in der Kindheit unter dem Einfluss der Eltern und anderer Erziehungspersonen und durch prägende Lebensumstände entwickelt. Es sind verinnerlichte Stimmen von Autoritäten, die im Lauf des Lebens zum wichtigen Bestandteil unseres Selbstverständnisses wurden. Sie geben zum einen Orientierung und Sicherheit: Schnelligkeit, Stärke, Genauigkeit, Freundlichkeit, Durchhaltevermögen sind wertvolle Helfer im Alltag. Doch wird der Einfluss eines Antreibers übermächtig, engt er ein und belastet.

Die US-Psychologen Kahler und Capers fanden heraus, dass fünf innere Antreiber die meisten Menschen bewusst und unbewusst stark im Denken, Fühlen und Verhalten beeinflussen. Sie finden sie im Verlauf des Buches.

Der innere Antreiber Nr. 1 heißt »Sei perfekt!«. Dahinter steckt der Anspruch, alles immer noch besser zu machen. Wer etwa auf der Suche nach Material für ein bestimmtes Thema den Anspruch hat, jede noch so kleine Information im Web gelesen zu haben, bevor er mit der eigentlichen Arbeit anfängt, tut sich ebenso schwer wie derjenige, der aus der Angst vorm Scheitern etwas so lange bearbeitet, bis er es absolut fehlerfrei findet. Die verinnerlichte Botschaft aus der Kindheit lautet: Nur makellose Ergebnisse zählen. »Was du tust, das tue ganz, halbes Werk hat selten Glanz«: Wem wurde das nicht ins Poesiealbum geschrieben? Selbst etwas zu 95 Prozent Vollendetes stellt diesen inneren Antreiber nicht zufrieden.

Den inneren Antreiber Nr. 2 finden Sie auf Seite 43.

Prioritäten zu setzen kann auch heißen, etwas nicht unbedingt haben zu müssen. Modetrends links liegen zu lassen, die nach kurzer Zeit ohnehin wieder out sein werden, oder neueste technische Spielereien zu ignorieren, die bald schon durch neue Modelle oder Updates überholt sein werden. Sich frei zu machen von vielen dieser vermeintlichen »Must-haves« spart nicht nur Geld, sondern auch Zeit und Nerven.

WAS IST WICHTIG?

Was uns persönlich wichtig ist, gründet auf unseren individuellen Werten, Vorlieben und Abneigungen. Von dieser Warte entscheiden wir normalerweise, welchen Vorhaben und Wünschen wir Priorität einräumen. Wenn wir jedoch von einem Reiz zum nächsten hüpfen, uns für die Prioritäten anderer aufreiben, unser Geld für tausend Kinkerlitzchen ausgeben, haben wir den Kontakt zu diesem inneren Wertesystem verloren. Wir handeln dann nicht selbstbestimmt, sondern lassen uns von Zufällen und den Interessen anderer leiten. Entsprechend diktieren jenseits dessen, was wir selbst für wichtig halten, beruflich wie auch privat lauter angeblich dringende Sachzwänge die Struktur des Tages. Diese Dinge erfüllen meist eins der folgenden Kriterien:

- Sie sind anderen wichtig.
- Wir können sie nicht unterlassen, ohne negative Konsequenzen in Kauf nehmen zu müssen.
- Sie müssen einfach getan werden, ohne dass wir Einfluss darauf haben.

Wenn diese Sachzwänge überhandnehmen und wir unter einen quälenden Zeitdruck geraten, fühlen wir uns irgendwann nur noch gestresst und fremdbestimmt.

Wem gehört mein Leben?

Wie nun von gefüllten zu erfüllten Tagen kommen? So, dass unsere persönlichen Werte und die uns selbst wichtigen Vorhaben unsere Entscheidungen bestimmen und nicht die Interessen und Vorteile anderer, das Getriebensein von Reiz zu Reiz, von Pflicht zu Pflicht?

»Ein voller Terminkalender ist noch lange kein erfülltes Leben.«

KURT TUCHOLSKY

Zuerst einmal müssen wir herausfinden, was überhaupt einen besonders hohen Stellenwert für uns hat – jenseits aller kurzfristigen Interessen. Fragen Sie sich deshalb öfter mal:
- Was will ich wirklich?
- Welche beruflichen, privaten, persönlichen Vorhaben haben für mich jetzt und in den nächsten Monaten Vorrang?

Halten Sie Ihre Gedanken dazu auf einem Blatt Papier, in einer eigenen Datei oder im Tagebuch fest. Finden Sie heraus, woran Ihnen ganz besonders viel liegt, kurzfristig und mittelfristig.

Finden Sie dann auch aus einer längerfristigen Perspektive Antworten auf diese Fragen. Wenn Sie sich in Ihrer Vorstellung zwanzig Jahre in die Zukunft versetzen, wie sieht es dann aus?
- Wie alt sind Sie dann?
- Was möchten Sie gerne bis dahin erreicht haben?
- Was wäre Ihnen jeweils wichtig in Bezug auf Ihre Art zu leben, Ihre Familie, Ihre Partnerschaft, Ihre Arbeit, Ihre Gesundheit, Ihre Freunde, Ihre Freizeit?
- Was wäre Ihnen weniger wichtig?

Das Ganze aus dieser Perspektive betrachtend, werden Sie Ihre Lebenszufriedenheit weniger daran messen, wie viele Stunden Sie in Internetforen verbracht, wie viele Schnäppchen Sie ergattert oder auf wie viele E-Mails Sie reagiert haben, sondern daran, welche Ihrer Vorstellungen und Vorhaben Sie verwirklicht und ob Sie Ihr Leben so gelebt haben, dass Sie im Einklang mit Ihren Werten geblieben sind und nun ein Gefühl der Zufriedenheit verspüren.

Die Guten ins Töpfchen …
Ständiger Zeitdruck ist also oft gar kein Zeit-, sondern ein Prioritätenproblem: Sie tun etwas anderes, als Sie tun wollen oder sollten. Sie surfen im Internet, statt sich auf ein Gespräch vorzubereiten, Unterlagen dazu zu lesen und Ihre Argumente noch einmal durchzugehen. Oder Ihr Blick bleibt an neuen Mails hängen und zwei, die Ihr Interesse geweckt haben, meinen Sie nun unbedingt lesen zu müssen, obwohl Sie gut daran täten, in Ihrer Tagesagenda fortzufahren, ohne sich ablenken zu lassen. Sicher, auch hier wurden Prioritäten gesetzt. Aber waren sie hilfreich, sinnvoll?

Prioritäten setzen wir immer, bewusst und unbewusst. Es kommt darauf an, dies so zu tun, dass es uns auf längere Sicht nützt und uns nicht nur für den Moment zufriedenstellt. Es geht um ein simples Prinzip: Das Wichtige nach vorn, das Unwichtige nach hinten. Doch was ist wichtig, was nicht? Eine Navigationshilfe im Dschungel der Möglichkeiten ist es, wenn wir uns bewusst sind, was die größten positiven Auswirkungen auf unser Leben hat, auf unsere Karriere, persönliche Ziele und das Zusammenleben mit uns wichtigen Menschen. Um unsere grundsätzlichen Weichenstellungen zu wissen hilft, im Klein-Klein täglicher Entscheidungen gekonnt zu navigieren, statt sich von einem Reiz zum nächsten treiben zu lassen. Machen Sie dazu ein Experiment.

ÜBUNG

VORRANGIGES UND NACHRANGIGES

•

Nehmen Sie Papier und Stift zur Hand oder legen Sie am Computer eine neue Datei an. Stoppen Sie die Zeit: Sie haben zehn Minuten.
▸ Schreiben Sie drei Vorhaben auf, die Ihnen sehr viel bedeuten und die Sie innerhalb dieses Jahres umsetzen wollen – nur solche, von deren Verwirklichung Sie sich einen echten Vorteil versprechen, für sich selbst oder für jemand, an dem Ihnen viel liegt.

▸ Fertig? Stellen Sie sich nun vor, Ihnen stünde plötzlich nur halb so viel Zeit zum Realisieren der Vorhaben zur Verfügung. Sie müssten also andere Vorhaben verschieben oder ganz streichen und sich vielleicht von der einen oder anderen zeitraubenden Gewohnheit verabschieden. Notieren Sie, worauf Sie in diesem Fall am ehesten verzichten würden. Was fiele Ihnen dagegen schwer loszulassen?

Übungen wie diese schaffen Ordnung im Kopf, dem unter Stress alles gleich wichtig zu sein scheint. Sie verwandeln das Durcheinander an Anforderungen in klare Zielsetzungen.

Wenn Sie weniger wichtige Aktivitäten streichen oder zumindest vorübergehend reduzieren, kommen Sie mit den wichtigen Vorhaben besser voran, weil Sie sich besser darauf konzentrieren können. Unsere Zeit, Energie und Aufmerksamkeit sind nun einmal begrenzt. Es gilt, diese kostbaren Ressourcen geschickt zu nutzen.

Tag für Tag die Spreu vom Weizen trennen

Bei weit in die Zukunft reichenden Zielen sehen Sie oft klarer, was wichtig für Sie ist: das, was langfristig positive Auswirkungen auf Ihr Wohlbefinden und Ihre Lebenszufriedenheit hat oder auf das Wohlergehen Ihrer Lieben. Bei der Planung eines ganz normalen Arbeitstages hingegen fällt es oft schwer, sich klarzumachen, wie die Zeit am besten genutzt wird. Ohne klare Ziele verzetteln wir uns, lassen uns ablenken oder verfallen in blinden Aktionismus.

> »Prioritäten setzen heißt auswählen, was liegen bleiben soll.«
>
> HELMUT NAHR

Den wichtigen Dingen auch im Alltag an jedem Tag angemessen Raum zu geben und den vergleichsweise unwichtigen Dingen weniger Aufmerksamkeit zu widmen fällt uns aus den folgenden beiden Gründen oft nicht leicht.

- Die einzelnen unwichtigen Dinge nehmen, jedes für sich, oft gar nicht besonders viel Zeit in Anspruch und so können wir rasch wohltuende Erfolgserlebnisse verbuchen: Unterlagen sortiert, Blumen gegossen, Telefongespräch geführt …
- Es ist meistens viel einfacher, sich um unwichtige Dinge zu kümmern, als das in Angriff zu nehmen, was uns Konzentration, Einsatz und Energie abverlangt. So sind wir zumindest insgeheim manchmal froh, wenn uns etwas dazwischenkommt, sei es ein Anruf, ein Kollege mit einer Frage oder eine E-Mail.

Bezüglich der Lösungsansätze gibt es nun sowohl eine schlechte als auch eine gute Nachricht für Sie.
- Die schlechte Nachricht: Es wird auch in Zukunft so sein, dass nicht alles, was auf Ihrem Tisch landet und wichtig für Sie ist, Ihnen auch Spaß macht oder leicht von der Hand geht.
- Die gute Nachricht: Die Zufriedenheit, die sich einstellt, wenn Sie Ihren Prioritäten folgen, entschädigt Sie reichlich für alle Mühen.

Die Fragen in der folgenden Übung helfen Ihnen beim Erstellen einer sinnvollen Liste persönlicher Prioritäten für den nächsten Arbeitstag.

ÜBUNG

WELCHES SIND EIGENTLICH MEINE PRIORITÄTEN?

•

Nehmen Sie sich eine Viertelstunde Zeit, stellen Sie sich die Uhr oder den Küchenwecker, wenn Sie möchten. Legen Sie ein Blatt Papier und einen Stift bereit oder öffnen Sie am Computer eine neue Textdatei.

Schreiben Sie zunächst alle Aufgaben auf, die am morgigen Tag anstehen. Es macht überhaupt nichts, wenn die Liste (zu) lang wird. Schreiben Sie einfach querbeet alles auf Ihr Blatt Papier, was Ihnen einfällt, in beliebiger Reihenfolge.

Dann gehen Sie die Liste noch einmal durch und finden anhand Ihrer notierten Aufgaben Antworten auf die folgenden Fragen:

▸ Welche meiner Aufgaben leisten, wenn ich sie erfülle, den größten Beitrag zur Umsetzung desjenigen Vorhabens, das mir gerade am wichtigsten von allen ist?

▸ Bei welchen meiner anstehenden Aufgaben würde es die negativsten Konsequenzen nach sich ziehen, wenn ich sie nicht erfülle?

- Bei welchen meiner aktuellen Aufgaben steht das meiste Geld auf dem Spiel?
- Gibt es Aufgaben, durch deren Erledigung andere Arbeiten weniger werden oder sogar ganz hinfällig werden?
- Welche nicht erfüllten Aufgaben haben keine oder nur unerhebliche negative Konsequenzen?

Markieren Sie die Aufgaben, die Sie aufgelistet haben, diesen Prioritäten entsprechend, etwa mithilfe von verschiedenen Farben, und stellen Sie dann eine neue Reihenfolge her, die sich nach der Wichtigkeit richtet.

Setzen Sie dabei die nach Ihrem Ermessen wichtigste Aufgabe für den morgigen Tag an den Anfang, Nummer zwei wird die zweitwichtigste Aufgabe und so weiter.

Wenn Sie in Ihren nächsten Arbeitstag starten, fangen Sie mit der Aufgabe ganz oben auf der Liste an und arbeiten daran, bis sie abgeschlossen beziehungsweise auf dem Stand ist, den Sie sich zum Ziel gesetzt hatten. Legen Sie sich aber unbedingt auch eine Deadline fest – für den Fall, dass Sie zunächst zu keiner befriedigenden Lösung kommen. Andernfalls besteht die Gefahr, dass Sie sich ins Grübeln über eine Lösung verstricken und die nachfolgenden Aufgaben deswegen »hinten runterfallen«.

Anschließend machen Sie sich an die nächste Aufgabe auf Ihrer Liste und räumen auch ihr wieder einen bestimmten, festen Zeitrahmen ein. Und weiter geht's mit der nächsten Aufgabe auf Ihrer Prioritätenliste.

Nicht vergessen: Legen Sie anfangs auch fest, wann Sie sich kleine Erfrischungspausen gönnen wollen – so unterbrechen Sie nicht aufgrund plötzlich auftauchender Impulse, sondern folgen Ihrem Plan. Diejenigen Aufgaben, die in der anvisierten Zeit nicht fertig geworden sind, erhalten am nächsten Tag wieder ihren Platz auf der Agenda.

Nicht ablenken lassen …

Wenn wir daran gewöhnt sind, uns von auftauchenden akustischen oder optischen Reizen oder inneren Impulsen unterbrechen zu lassen, ist es eine Herausforderung, unsere Aufgaben von nun an konsequent zu erledigen. So können wir üben, nicht mehr mitten in der Arbeit an der jetzt wichtigen Aufgabe plötzlich eine andere Aufgabe vorzuziehen, die uns per E-Mail oder Telefon auf den Tisch flattert. Ebenso bedarf es der Gewöhnung, nicht mehr solchen Ablenkungen zu folgen, die gar nichts mit der Arbeit zu tun haben – etwa zu schauen, ob die Frühjahrskollektion des Lieblingslabels endlich online ist, ein Kochrezept für abends herauszusuchen oder schnell den Kontostand zu checken. Hierfür sind wir besonders anfällig, wenn wir mit der eigentlichen Arbeit gerade nicht so recht weiterkommen.

> *»Es gibt mehr Leute, die kapitulieren, als solche, die scheitern.«*
>
> HENRY FORD

Bevor wir uns versehen, ist bei der Beschäftigung mit Nebensächlichkeiten eine Menge Zeit verstrichen. Solche Gewohnheiten sind zählebig. Haben Sie Geduld mit sich selbst! Nehmen Sie die Impulse zum Abschweifen wahr, lassen Sie sie immer wieder verebben und kommen Sie anschließend zurück zum Eigentlichen. Denken Sie daran, mit welch gutem Gefühl Sie nach getanem Werk auch mal fünfe gerade sein lassen und die schönen Dinge des Lebens genießen können.

… und nicht aufgeben!

Verzagen Sie nicht, wenn es nicht gleich klappen will mit den Prioritäten und der Selbstbestimmung und wenn die Impulse, sich abzulenken, erst einmal in wohlbekannter Häufigkeit auftauchen. In der Verhaltenspsychologie hat man herausgefunden, dass etwa sechs Wochen nötig sind, um ein altes Verhalten abzulegen und sich ein neues anzugewöhnen. Stolperfallen und Rückschritte sind dabei ebenfalls völlig normal. Doch wenn ein Verhalten einmal »sitzt« und zur Gewohnheit geworden ist, wird es sehr viel leichter, es beizubehalten.

Sagen Sie jedes Mal »Stopp«, wenn Sie den Impuls bemerken, das, was Sie gerade tun, zu unterbrechen, um »nur schnell« etwas anderes zu erledigen. Vertiefen Sie sich dann einfach weiter in Ihre aktuelle Aufgabe.

Betrachten Sie den ablenkenden Impuls als vorübergehende Erscheinung, die nicht mehr Bestand hat als ein vorbeiziehender Lufthauch.

Die Früchte der Beharrlichkeit ernten

Es lohnt sich sehr, wenn wir unseren Prioritäten folgen und störende Impulse ausblenden. Wenn Sie es schaffen, während der Arbeit an einem wichtigen Projekt auftretende Unlustgefühle zu ertragen, statt zu flüchten und sich mit irgendeiner banalen Tätigkeit abzulenken, dann werden Sie bald merken, dass diese Phasen der Unlust von selbst wieder vorbeigehen und dass …

- es Ihnen bald immer leichter gelingt, Unterbrechungen von außen abzuwehren.
- die von innen kommenden Impulse, sich abzulenken, allmählich seltener werden.

Wenn Sie sich jeden Tag zunächst eine oder zwei Stunden konsequent den wichtigsten Aufgaben widmen, werden Sie mit einem Zuwachs an Gelassenheit belohnt. Denn Sie wissen dann: Heute ist das Wesentliche schon auf den Weg gebracht! Wie Sie diese ein, zwei Stun-

---

ÜBUNG

KURZ NOTIERT IST HALB ERLEDIGT

•

Legen Sie Zettel und Stift an eine Stelle auf Ihrem Schreibtisch, die Sie, ohne sich vorzubeugen, gerade noch mit den Fingerspitzen erreichen können. Sobald ein Ablenkungsimpuls auftaucht, notieren Sie kurz, wozu er Sie auffordert. Schieben Sie Zettel und Stift zurück an ihren Platz und konzentrieren Sie sich wieder auf Ihre Arbeit. Die Dinge auf dem Zettel können Sie anschließend in Ruhe erledigen – falls sie Ihnen dann immer noch wichtig erscheinen.

den für Ihre wichtigen Aufgaben kontinuierlich »reservieren« und einhalten können, lesen Sie auf Seite 24.
Lassen Sie einmal Ihrer Fantasie freien Lauf und überlegen Sie: Welche Vorteile hätte es im Einzelnen, wenn Sie sich konsequent auf Ihre vorrangig wichtigen Aufgaben konzentrieren könnten? Was würde sich, ganz konkret formuliert, ändern, wenn Sie es schaffen könnten dranzubleiben – ohne sich bei auftauchenden Schwierigkeiten durch Ablenkung auszubremsen oder durch Störungen von außen aus dem Konzept bringen zu lassen? Welchen Unterschied würde dies machen?

Je deutlicher Sie sich diese positiven Auswirkungen ausmalen, desto motivierter werden Sie sein, Ihren Prioritäten entsprechend zu handeln und sich auf diese Weise Ihre Konzentrationsfähigkeit zurückzuerobern.

LIEBER GLÜCKLICH ALS PERFEKT

Wenn Sie sich auch Fehler zugestehen, unterstützt Sie das dabei, Ihre formulierten Prioritäten auch erfolgreich in die Tat umzusetzen. Haben Sie den Mut zur berühmten Lücke! Räumen Sie sich selbst ein, dass Sie nicht alle Ihre Aufgaben immer perfekt oder auf die Minute erledigen werden (siehe auch Seite 45). Verzetteln Sie sich daher nicht in den letzten, den allerletzten und den ultimativen Schliff, das bringt nur Ihren Zeitplan durcheinander. Wenn es der Zeitplan jedoch erlaubt, können Sie Ihr Werk auch noch einmal beiseitelegen und erst einmal gedanklich abhaken. Sehen Sie es dann am nächsten Tag nochmals an, diese Pause ist oft sehr hilfreich und ermöglicht Lösungen, die Ihnen bei intensivem Grübeln am Vortag nicht eingefallen wären.

Ordnung, Klarheit, Ruhe schaffen

Wir umgeben uns beim Arbeiten oft mit viel mehr Dingen, als wir benötigen. Versuchen Sie, so viele potenzielle Reizquellen wie möglich schon im Vorfeld auszuschalten. Stapel unerledigter Dinge beispielsweise drücken auf die Stimmung und lenken die Gedanken immer wieder hin zu den Aufgaben, die »irgendwann« noch zu erledigen sind. Auch viel Krimskrams, wie Stifte, Lineale, leere Kaffeetassen und Co., die gerade nicht benötigt werden, machen es schwerer, bei der Sache zu bleiben.

Ein freier Schreibtisch dagegen schafft einen freien Kopf. Wie viel mehr Spaß macht es, jeden Morgen bei »klar Schiff« beginnen zu können, als einfach im selben alten Chaos weiterzumachen!

Befreien Sie Ihren Arbeitsplatz. Räumen Sie alles weg, was Sie gerade nicht brauchen und was Sie ablenken könnte, wenn Ihr Blick darauf fällt. Räumen Sie auch regelmäßig Ihre Festplatte auf und befreien Sie sie von alten Dateien und Datenschnipseln. Geben Sie grundsätzlich jeder Datei sofort einen aussagekräftigen Namen und legen Sie sie im richtigen Ordner ab. Wenn Sie anfällig für die Schnäppchenjagd im Internet sind, verschieben Sie das Shoppen auf die freie Zeit am Abend. Darüber freut sich auch Ihr Bankkonto, denn Sie machen weniger Impulskäufe. Räumen Sie auch Kataloge aus der Tagespost stets aus Ihrem Blickfeld.

Gehen Sie beim Aufräumen spielerisch vor: Stoppen Sie die Zeit und nehmen Sie sich täglich genau 10 Minuten, um einen zuvor festgelegten Bereich des Raumes zu ordnen und zu entrümpeln. Lassen Sie sich nicht von anderen Dingen ablenken, auf die Ihr Auge fällt. Konzentrieren Sie sich ganz auf das aktuelle »Planquadrat«. So arbeiten Sie sich ohne viel Aufwand durch den ganzen Raum und genießen dann, wenn alles in Ordnung gebracht ist, eine harmonische Umgebung, in der die Arbeit viel leichter von der Hand geht. Krönen Sie Ihr Werk doch mit einer Vase voll frischer Blumen!

> *»Gefährlich ist stets das Unbedeutende.«*
>
> PRENTICE MULFORD

2 Knacken Sie Ihr Reaktionsschema!

Unser Gehirn ist ein Spitzenkönner des Wahrnehmens, Erinnerns und Neusortierens von Informationen. Es verarbeitet ständig eine Vielzahl von Eindrücken, die ihm über die Sinne und aus dem Organismus selbst zugestellt werden. Vor allem Augen und Ohren sind ständig auf Empfang, nehmen Wichtiges und Unwichtiges wahr, alles gleichzeitig. Um Ordnung in das visuelle und akustische Chaos zu bringen, trifft das Gehirn die Auswahl: »Sofort bearbeiten!« oder »Hinten anstellen!«.

Spezielle Nervenzellen verknüpfen eintreffende Signale mit Vorhandenem aus anderen Hirnarealen, wie Erfahrungen und Erinnerungen, um die neuen Informationen zu interpretieren und richtig weiterleiten zu können. Das geschieht laufend, doch werden uns nur jene Sinnesinformationen bewusst, auf die wir unsere Aufmerksamkeit lenken. Zum Glück, denn unser Gehirn ist zwar ungemein leistungsfähig und verfügt über umso mehr Speicherkapazität, je mehr wir langfristig abspeichern. Jedoch ist eine wichtige Ressource begrenzt, die alle ankommenden Reize benötigen: Platz im Arbeitsgedächtnis. Wenn wir versuchen, noch mehr gleichzeitig aufzunehmen, wird allenfalls das System überlastet: Entweder werden weitere neue Informationen automatisch unterdrückt oder ausgeblendet,

Die magische Sieben

Bereits 1956 beschrieb der amerikanische Psychologe George A. Miller die Tatsache, dass wir nur 7 plus/minus 2 Informationseinheiten (chunks) gleichzeitig im Arbeitsspeicher präsent halten können – also minimal fünf und maximal neun, je nachdem, wie gut es um unser Arbeitsgedächtnis bestellt ist. Schon der Philosoph John Locke stellte dies vor über 300 Jahren fest!

um einer Reizüberflutung vorzubeugen, denn diese würde die Verarbeitung ausbremsen. Oder eine der neuen Informationen macht das Rennen, doch dafür vergessen wir etwas, das wir schon als »gemerkt« verbucht hatten.

ZWISCHENSCHRITT: DIE BEWERTUNG

Wovon hängt es denn nun ab, was in den Arbeitsspeicher kommt und was nicht? Unsere Entscheidung hierüber ist davon geprägt, dass wir Gutes oder Angenehmes erleben und / oder Nachteiliges oder Unangenehmes vermeiden wollen. Diese Ausrichtung nach Lustgewinn oder Unlustvermeidung steuert unsere Wahl in den unterschiedlichsten Situationen, etwa bei der Frage, was wir auf der Speisekarte auswählen oder welches T-Shirt wir kaufen wollen. Aber auch bei wichtigeren Entscheidungen ist sie mitverantwortlich, zum Beispiel bei der Wahl von Ausbildung und Beruf oder beim Kauf eines Hauses.

Wir streben stets danach, positive Zustände zu erleben, wie Freude, Vergnügen und Genuss. Gleichzeitig versuchen wir, negative Zustände wie Unlust, Angst oder Schmerz so weit wie möglich zu vermeiden. Lustgefühle zu suchen, sie sich herbeizuwünschen ist also das eine, Unlustgefühle zu vermeiden, unangenehmen Erfahrungen aus dem Weg zu gehen ist das andere. Dazu müssen wir natürlich vorab festgelegt haben, was wir als positiv und was wir als negativ interpretieren.

»… und raus bist du!«

Unsere Bewertung einer neuen Information läuft meist innerhalb weniger Sekunden oder noch rascher ab und entscheidet über die nächsten Schritte. Dies geschieht manchmal bewusst, indem wir Vorteile und Nachteile gegeneinander abwägen. Oft jedoch treffen wir Entscheidungen unbewusst, wobei unsere Gefühle, vergangene Erfahrungen und unser momentanes Befinden eine Rolle spielen.

Vor allem in häufig wiederkehrenden, sich stark ähnelnden Situationen entscheiden wir »per Autopilot«: Die Bewertung ist so automatisiert, dass wir handeln, bevor wir einen bewussten Gedanken fassen. Dies hilft uns, blitzschnell auf ein Geschehen zu reagieren.

> *»Die schlimmste Entscheidung ist die Unentschlossenheit.«*
>
> BENJAMIN FRANKLIN

Schon unseren Ur-Ur-Ahnen hat diese Fähigkeit geholfen, bedrohliche Situationen wahrzunehmen, richtig einzuschätzen, entsprechend zu reagieren und damit die eigene Überlebenswahrscheinlichkeit zu erhöhen. Schließlich half es im Angesicht eines wilden Tieres oder einer Horde Feinde nicht, über die beste Art zu sinnieren, mit dem Problem umzugehen. Der Organismus schaltete stattdessen auf blitzschnelles Handeln, in diesem Fall kämpfen oder flüchten. Die Stressreaktion (siehe Seite 97) sorgte dafür, dass die Chancen von Kampf oder Flucht in Sekundenbruchteilen erfasst wurden, alles andere war in dem Moment unwichtig und wurde ausgeblendet, sodass die entsprechende Reaktion auf dem Fuß folgen konnte.

Immer dabei: Gefühle

Heute sind wir nur noch selten so bedrohlichen Situationen ausgesetzt, doch der Mechanismus ist nach wie vor fest in unseren Genen verankert und funktioniert noch immer – mal zu unserem Vorteil, mal zu unserem Nachteil, etwa wenn wir uns aufgrund eines Missverständnisses angegriffen fühlen und emotional überzogen reagieren. Auch Gefühle entstehen also nicht zufällig, sondern sind davon abhängig, in welcher Situation wir uns befinden und wie wir sie gedanklich bewerten. Gefühle spielen bei allen unseren Entscheidungen eine Rolle – auch bei jenen, von denen wir glauben, wir hätten sie ganz objektiv nach Faktenlage getroffen.

Blitzschnelle Bewertung

Auch wenn oft der Eindruck entsteht, eine bestimmte Information oder Situation oder das Verhalten einer bestimmten Person würde ganz unmittelbar entsprechende Gefühle auslösen, die dann dazu führen, dass wir auf eine bestimmte Art und Weise reagieren »müssen«, so geschieht dies nicht, ohne dass wir vorher die Situation bewertet haben.
Was wir üblicherweise als Zweierschritt empfinden (Auslöser und Reaktion) ist eigentlich also stets ein Dreierschritt: Auslöser – Bewertung – Reaktion. Das

gilt selbst bei einer ganz impulsiven Reaktion, mag die Bewertung auch im Bruchteil einer Sekunde geschehen.

Wir orientieren uns bei unseren Entscheidungen an dem, was angenehme Gefühle hervorruft oder womit wir unangenehme Gefühle vermeiden.

Wenn wir also mitten in einer Aufgabe, die nicht sehr interessant ist oder deren Bearbeitung uns anstrengt, »schnell mal« eine E-Mail checken oder uns nur allzu gerne von einer Kollegin unterbrechen lassen, dann tun wir das nicht, weil es sachlich betrachtet notwendig ist. Sondern wir tun es, weil das vorgeblich Störende uns angenehmere Gefühle beschert als das, was eigentlich ansteht.

Wenn wir shoppen gehen und anschließend mit drei neuen T-Shirts vom Schnäppchenständer, mit neuen Schuhen und allem möglichen Schnickschnack heimkommen, dann haben wir während unserer Einkaufstour den Stress im Büro ebenso wie den Ärger mit dem Lebensgefährten vorübergehend ausgeblendet.

Wenn wir im Job gut funktionieren, uns anpassen und klaglos Überstunden machen, dann steigt die Aussicht auf ein Lob vom Chef – oder wir entgehen wenigstens der Gefahr, uns bei der nächsten Personalverschlankungsaktion der Firma mit auf der Abschussliste wiederzufinden – das beruhigt.

DAS ABC-SCHEMA BEWUSST NUTZEN

Es hilft Ihnen, sich selbst und Ihre Reaktionen besser einzuschätzen und zu steuern, wenn Sie wissen: Alle Informationen, die wir mittels unserer Sinne aufnehmen, werden nach dem folgenden Muster verarbeitet:

A: auslösendes Ereignis
B: bewertende Gedanken, Interpretation
C: Reaktion auf diese Gedanken: Gefühle, Folgegedanken, Verhalten

> ÜBUNG
>
> ## INNERE IMPULSE IDENTIFIZIEREN
>
> •
>
> Sie brauchen: Stift und Papier oder eine neue Textdatei sowie zehn Minuten Zeit.
>
> Notieren Sie, welche Handlungsimpulse Sie oft erleben: während der Arbeit, in der Freizeit, im Zusammensein mit anderen. Widmen Sie sich besonders denjenigen Impulsen, die Sie am häufigsten von wichtigen Vorhaben abhalten oder dazu verleiten, etwas zu tun, das Sie später bereuen, ob das spontane Käufe, das Erledigen nachrangiger Aufgaben, der Gang in die Kaffeeküche oder etwas ganz anderes ist. Schreiben Sie alles auf, was Ihnen in den Sinn kommt.
>
> Beobachten Sie in den nächsten Tagen Ihr Verhalten in typischen Situationen. Versuchen Sie noch nicht, etwas zu ändern.

VOM IMPULSIVEN REAGIEREN ZUR GEWOHNHEIT

Der Multimultitasker, der auf jede Ablenkung reagiert, dadurch in Zeitverzug kommt und dann allem gleichzeitig gerecht zu werden versucht, der Schnäppchenjäger, der an keinem Sonderangebot vorbeikommt, und der Druckempfindliche, der nicht mehr weiß, wo seine eigenen Interessen liegen, weil er den Ansprüchen der anderen gerecht zu werden versucht – sie alle sind nicht glücklich damit, sofort auf ihre jeweiligen Auslöser anzuspringen. Sicher, zunächst gibt es oft einen Kick, ähnlich dem, den ein Raucher nach dem Anzünden einer Zigarette empfindet. Das Belohnungszentrum im Gehirn wird aktiv und schüttet vermehrt das »Wohlfühlhormon« Dopamin aus, das die Stimmung hebt – bis hin zur Euphorie. Ohne das Belohnungszentrum wären wir wohl nur halb so aktiv, denn jegliche Motivation, etwas zu tun, braucht seine Wohlfühlhormone als »Motor«. Alles, was eine Ausschüttung dieser Botenstoffe auslöst, kann eine Gewohnheit erzeugen – eine, die uns guttut, oder eine, die uns schadet.

Störenfriede überführen

Ziehen Sie nach einer Woche ein Resümee aus der Übung von Seite 36. Ergänzen Sie Ihre Liste gegebenenfalls. Natürlich spielen auch Ablenkungen von außen eine große Rolle – die sind jetzt jedoch (noch) nicht Thema, wir werden sie ab Seite 50 genauer untersuchen.

Nun geht es natürlich nicht darum, dass Sie sich impulsive Reaktionen verbieten. Es geht nur darum, sich diejenigen vorzunehmen, die Sie unzufrieden mit sich selbst oder unglücklich machen.

Markieren Sie in Ihrer Liste den inneren Unterbrechungsimpuls, von dem Sie sich am meisten genervt fühlen. Erinnern Sie sich: Zwischen dem auslösenden Impuls und unserer Reaktion nehmen wir stets eine Bewertung vor. Diese Bewertung ist nur selten bewusst durchdacht, meist orientiert sie sich an kurzfristigem Lustgewinn. Langfristige Folgen werden ausgeblendet. Nachdem Sie die Auslöser erkannt haben, lautet das Ziel nun, die Bewertung vom automatischen Reagieren in das bewusste Denken zu holen. Zwei Beispiele:

- Nehmen wir an, bei Ihnen seien Auslöser und Reaktion so gekoppelt, dass häufig dann, wenn eine Aufgabe schwierig, anstrengend oder langweilig wird, der Impuls auftaucht, sich mit neuen Mails zu beschäftigen.
- Oder nehmen wir an, Sie würden sich jedes Mal, wenn Sie für eine laufende Arbeit im Internet recherchieren, in allen möglichen interessanten Informationen verlieren, die mit Ihrer aktuellen Arbeit nichts zu tun haben.

Einen Augenblick innezuhalten ist in beiden Fällen hilfreich, denn es eröffnet Ihnen die Chance, abzuwägen und bewusst statt impulsiv zu reagieren. Dies können Sie mit der folgenden Übung trainieren. Diese funktioniert, weil Sie sich nichts verbieten. Sie lassen sich nur die Zeit, Ihre Bewertung zuzuschalten. So gewinnen Sie ein Stück innere Freiheit zurück und erfahren: Gewohnheiten sind kein Schicksal.

> *»Die Gewohnheit ist ein Seil. Wir weben jeden Tag einen Faden, und schließlich können wir es nicht mehr zerreißen.«*
>
> THOMAS MANN

ÜBUNG

INNEHALTEN UND BEWUSST ENTSCHEIDEN

•

Nehmen Sie sich denjenigen Auslösereiz vor, der Sie am meisten von dem ablenkt, was wichtig ist.
▸ Nicht nachlassen! Die Reaktion läuft schon so automatisch ab, dass Sie sie anfangs vielleicht erst dann bemerken, wenn Sie schon mittendrin und »ganz woanders« sind. Haben Sie Geduld. Mit der Zeit wird Ihnen immer früher bewusst werden, dass Sie sich gerade ablenken wollen.
▸ Sobald Sie einen auftauchenden Impuls bemerken, halten Sie einige Augenblicke lang inne. Wenn Sie es schaffen, auch nur 15 Sekunden lang standhaft zu bleiben und dem Impuls nicht zu folgen, lässt der Drang dazu nach – egal, um welche Ablenkung es sich handelt.
▸ Dann können Sie ganz bewusst bewerten und sich entscheiden, ob Sie dem Impuls folgen. Sie wägen also ab, was jetzt den größeren Wert für Sie hat und auch, was Sie langfristig betrachtet glücklicher, zufriedener machen wird: Umleitung oder Luftlinie?
▸ Wenn Sie den Impuls auf diese Art in den Griff bekommen haben, wenden Sie die Pause-Technik Zug um Zug auch auf die anderen Unterbrechungsimpulse an.

Diese Technik lässt sich auch auf plötzlich auftauchende »Habenmüssen«-Impulse anwenden. Nicht sofort den Impuls in die Tat umsetzen, sondern abwarten: Meist können Sie nach einer Pause viel klarer erkennen, ob Sie nicht auch ohne das Objekt der Begierde leben können oder gar glücklicher sind. Vielleicht sparen Sie ja auch für eine größere Anschaffung, dann können Sie den nicht ausgegebenen Betrag gleich auf Ihrem Sparkonto verbuchen.

Zum Lernen ist es nie zu spät

Wie leicht Ihnen die Übung links fällt, hängt auch davon ab, wie gut Sie in der Kindheit gelernt und geübt haben, Ihre Gedanken, Gefühle, Motive und Handlungen zielgerichtet zu beeinflussen. Um sich auf längerfristige Ziele konzentrieren zu können, ist es zudem wichtig, wie gut Sie gelernt haben, warten zu können, Stillstand zu akzeptieren und Fehlschläge hinzunehmen, ohne sich davon aus der Bahn werfen zu lassen.

Eltern, Schule, Medien, Peergroups bestimmen mit, ob wir hier eine Balance finden. Zu viel Kontrolle kann uns genauso einschränken wie zu wenig.

Denken Sie einmal zurück: Wurde von Ihnen viel Selbstdisziplin gefordert und versuchen Sie heute noch, es allen recht zu machen, sodass jeder Wunsch Ihnen Befehl ist, unaufschiebbar? Oder wurde Ihnen jeder Wunsch von den Augen abgelesen, sodass Sie nun manchmal zu hohe Ansprüche ans Leben und Ihre Mitmenschen haben? In beiden Fällen ist die Versuchung oft groß, sich schadlos zu halten, indem man sich selbst »etwas Gutes tut«. Selbstregulierung bedeutet hier, die Balance zwischen Disziplin und Laissez-faire zu finden und unabhängig von erlernten Gewohnheiten den eigenen Weg zu gehen.

SO REGULIEREN SIE SICH SELBST

Die Fähigkeit zur Selbstregulation umfasst laut den Psychologen Eran Magen und James Gross folgende Gesichtspunkte:
- sich eigenständig Ziele setzen,
- den Unterschied zwischen Soll- und Istzustand definieren können,
- geeignete Maßnahmen finden, um vom Soll zum Ist zu kommen,
- für entsprechende »Belohnungen« sorgen und schließlich auch
- vernünftig mit dem eigenen Energiereservoir umgehen können.

LUST AUF NEUES

Impulse verleiten uns nicht nur dazu, uns von Langweiligem, Schwierigem, Anstrengendem abzuwenden. Folgen wir dem Impuls »Lust auf Neues«, wird das Belohnungszentrum im Gehirn aktiviert und Glücksbotenstoffe werden ausgeschüttet – ob wir uns durch die Nachrichten klicken, mit der Kollegin Neuigkeiten im Betrieb austauschen oder beim Eintreffen der neuen Herbstkollektion sofort zuschlagen.

Wenn wir uns angewöhnen, das Belohnungszentrum durch die Jagd nach Neuem zu stimulieren, können wir von diesem »Neu-neu-Hopping« abhängig werden – was auch dazu führt, dass wir das Bestehende geringer schätzen. Egal, wie beglückt wir über das neue Notebook oder Outfit sind – bald brauchen wir eine höhere Dosis, um wieder die ersehnten Glücksgefühle zu erleben.

Bloß nichts verpassen!

Im gleichen Maße wie die Sehnsucht nach dem Kick wächst die Angst, etwas zu verpassen. Wer steht schon gerne abseits oder will anderen gegenüber im Nachteil sein! Fast jeder freut sich, wenn er einen Besitz-, Wissens- oder Informationsvorsprung hat und ihn zum eigenen Vorteil nutzen kann – das kennen wir alle seit der Sandkastenzeit. Etwas zu können, zu wissen oder zu besitzen, das anderen (noch) nicht zur Verfügung steht, befriedigt das Bedürfnis nach Macht, Einfluss und Exklusivität, steigert unsere Attraktivität und stärkt das Selbstwertgefühl. Vor allem in der Freizeit treibt viele ein regelrechter Zwang an, nichts zu verpassen, das wichtig erscheint. So geht man lieber doch auf die Party, statt den lang ersehnten gemütlichen Abend auf der Couch zu verbringen. Wer mithalten will, der fürchtet, andere könnten mehr erleben, besitzen oder wissen. Man könnte ja wichtige Vorteile verpassen und somit ins Hintertreffen geraten!

Immer auf dem Sprung

Die Angst, etwas zu verpassen, steigert die Unruhe, Nervosität und Hektik, die angesichts der überbordenden Vielfalt dessen, was man wissen, erleben und haben müsste, unterschwellig wirksam sind. So ist man sich nie sicher, ob man die richtige Wahl getroffen hat.

Erkennen, was Sie wirklich brauchen

Die englische Redewendung you can never get enough of what you don't really want besagt, dass wir ausgerechnet von den Sachen, die wir nicht wirklich brauchen, glauben, immer mehr haben zu müssen. Ja, die Jeans in dieser Farbe und jenem Schnitt scheint genau das zu sein, was uns noch zum Glück fehlt. Wenn sie dann im Schrank hängt, denken wir, dass ihre angesagte Farbe zu vielen unserer T-Shirts, Pullover und Sweatern nicht passt. Also muss noch eine Hose im gleichen Schnitt her sowie andere, zur Farbe von Hose eins passende Oberteile. Schon sind Hunderte Euro aus dem Geldbeutel verschwunden. Die Euphorie des Kaufens, die Freude am Besitzen verfliegt ebenfalls schnell und wir fühlen uns wieder leer. Mit dieser diffusen Unzufriedenheit lässt sich viel Geld verdienen, entsprechend gibt es besonders in den Internetshops dauernd etwas Neues zu entdecken. Prüft der Schnäppchenjäger seinen Kontostand, muss er feststellen, dass die Zahl in der falschen Farbe größer wird, und statt Zufriedenheit und Glück hat er nun: neue Jeans, neue

»Den größten Reichtum hat, wer arm an Begierden ist.«

LUCIUS ANNAEUS SENECA

Schuhe, ein neues Kochtopfset, eine neue Badezimmergarnitur. Nun ja. Wann immer Sie so etwas bei sich selbst erleben, lohnt es sich herauszufinden, was es eigentlich wirklich ist, das Sie brauchen oder wonach Sie sich sehnen. »Damit sparen Sie ...« lautet eine besonders perfide Botschaft an unser Belohnungssystem. Gerade bei den »Schnäppchen« wird zumeist nicht deswegen zugegriffen, weil man das Produkt tatsächlich ganz aktuell braucht, sondern weil suggeriert wird, dass man dabei »sparen« kann. Sparen durch Geldausgeben? Das ist ähnlich widersinnig wie Gewicht verlieren durch Essen. Im Extremfall ist der Betrag, den der Schnäppchenjäger »gespart« hat, wichtiger als das, was sie erwirbt. Wobei sie paradoxerweise völlig außer Acht lässt, dass am meisten gespart wäre, hätte sie kurz innegehalten und das Schnäppchen einfach links liegen lassen ...

Die folgende Übung soll Ihnen dabei helfen, sich die immer wiederkehrenden Abläufe von häufigen Ablenkungsimpulsen, Ihren Reaktionen darauf und vor allem den Folgen noch unmittelbarer deutlich zu machen. Auf diese Weise entwickeln Sie allmählich ein immer besseres Gespür dafür, wann es gut und okay ist, spontan zu sein – und wann es der bessere Weg ist, überlegt zu handeln. Die Übung ist also keineswegs dazu gedacht, dass Sie Schuldgefühle entwickeln. Nutzen Sie sie stattdessen, um sich Ihrer eigenen Reaktionsweisen und deren Konsequenzen einmal in Ruhe bewusst zu werden.

ÜBUNG

DAS WORT »NEU« ENTZAUBERN

Wenn Sie die vorangegangene Übung (siehe Seite 38) schon fleißig trainiert und sich an die 15 Sekunden Pause gehalten haben, merken Sie, dass der Hang, auf den Kick eines neuen Auslösers reflexartig zu reagieren, schon nachgelassen hat – zugunsten von innerer Freiheit und Selbstbestimmung. Dies können Sie noch unterstützen, indem Sie sich häufiger folgende Fragen stellen. Denken Sie dabei stets an die letzten drei Male, wo Sie der Neu-Gier gefolgt sind und Sie dies Zeit, Geld, Energie gekostet hat.

▸ Was hatten Sie konkret davon, dem Reiz des Neuen zu folgen?
▸ Wie lang hielt das positive Gefühl an? Spätestens wann war es vorbei, wann wurde neu zu alt?
▸ Was gab es an negativen Konsequenzen?
▸ Wie hätte es ausgesehen, wenn Sie dem Reiz nicht gefolgt wären? (Denken Sie dabei auch an ideelle Güter wie Ruhe, Gelassenheit, das Erreichen eines wichtigen Vorhabens ...)
▸ Was hat jeweils überwogen: Nutzen oder Schaden?

INNERER ANTREIBER NR. 2: TU ES SOFORT!

Von allen inneren Antreibern (siehe Seite 19) ist dies der Favorit aller Multimultitasker. Er zeigt sich im permanenten Gefühl, sich hetzen zu müssen, um mit Aufgaben fertig zu werden oder Termine einzuhalten. Wer »Tu es sofort!« verinnerlicht hat, wurde vermutlich als Kind oft zur Eile angehalten, bewegt sich schnell, spricht und antwortet schnell, ist ungeduldig und fällt anderen ins Wort. Oft werden Aufgaben begonnen, aber nicht zu Ende gebracht, weil andere, noch eiligere Dinge dazwischenkommen. Schon startet der Versuch, alles parallel zu tun.

Aber auch die Schnäppchenjägerin ist damit infiziert: Wenn sie nicht sofort zuschlägt, könnte ihr ein anderer das Begehrte wegschnappen. Und der Druckempfindliche, der es vermeiden will, Unmut und Ärger auf sich zu ziehen, ist bemüht, möglichst schnell zu »liefern«, was von ihm erwartet wird. Antreiber Nr. 3 folgt auf Seite 49.

MÜSSEN UND MUSSE

Auch das Gefühl, immer gehetzt zu sein und nie Zeit zu haben, ist zu einem guten Teil Folge des Drangs, es allen recht zu machen oder das Beste zum geringsten Preis zu bekommen: Nie ist es genug, es geht immer noch besser, schneller, effektiver, trendiger, billiger. Es ist wie in der Fabel von Hase und Igel: Egal wie schnell wir sind, es gibt immer jemanden, der schneller ist – scheinbar.

Der Anspruch an uns selbst, ständig beschäftigt, up to date, informiert oder verfügbar zu sein, macht uns anfällig für Ablenkungen. Am Ende des Tages stellen wir dann fest, dass wir mit unseren Vorhaben kaum vorangekommen sind. Dies ruft ständige Anspannung hervor, als würde uns etwas oder jemand im Nacken sitzen und uns antreiben. Darunter leiden Kreativität, Leistung, der Sinn für neue, gute Lösungen.

ÜBUNG

BLEIBEN SIE DRAN

•

Machen Sie ein kleines Experiment. Sobald Sie eine Aufgabe begonnen haben, die zu Ihren Prioritäten gehört, bleiben Sie mindestens 15 Minuten dabei, ohne sich selbst zu unterbrechen. Stellen Sie sich die Uhr (es gibt übrigens auch online Stoppuhren zuhauf). Ausnahmen sind nur:
▸ Wenn Sie eine prima Idee für etwas haben, das später wichtig sein wird, stoppen Sie die Uhr kurz (!) und machen sich eine Notiz. Danach läuft Ihre »Primetime« sofort weiter.
▸ Wenn eine unabweisbare (!) Unterbrechung von außen kommt, halten Sie die Uhr ebenfalls an und fahren sofort nach der Unterbrechung fort.
Wiederholen Sie die Übung in den kommenden Tagen einige Male und ziehen Sie dann ein Resümee:
▸ Wie fühlen Sie sich, wenn Sie Störimpulse von innen konsequent abwehren, konzentriert bei einer Aufgabe bleiben?
▸ Wie sieht es dann mit Ihrem Arbeitsfortschritt aus?
▸ Was verändert sich vielleicht außerdem noch – zum Beispiel in Ihrem Selbstvertrauen, Ihrer Tatkraft, Ihrer Stimmung?

Weniger müssen, mehr dürfen
Natürlich sind die inneren Antreiber Motivationshilfen, doch wenn wir ihnen das Steuer überlassen, verursachen sie Stress. Hinterfragen Sie die hinter den Antreibern stehenden verinnerlichten Wertvorstellungen: Gibt es nicht welche, die Ihnen dienlicher wären? Etwa Gelassenheit statt Eile, eins nach dem anderen statt alles gleichzeitig, nach dem eigenen Bauchgefühl handeln, statt es allen recht machen zu wol-

len, auf etwas Besonderes sparen, statt zig Sonderangebote zu erjagen?

Vieles, was wir tagtäglich tun, tun wir ganz automatisch – ohne uns Gedanken um Alternativen zu machen. Wenn wir genauer wissen, wie die verinnerlichten Reiz-Bewertungs-Reaktions-Schleifen beschaffen sind, fällt es uns leichter, einzuhaken und anders bewerten und reagieren zu lernen. Ein effektiver Weg, dem ständigen inneren Schüren von Stress entgegenzuwirken, ist es, ganz bewusst die Messlatte zu senken und sich selbst mehr Muße, Entspannung und Unvollkommenheit zu erlauben. Finden Sie mit der Übung unten Ihre eigenen Erlaubnis-Sätze für mehr Ruhe und Gelassenheit.

ÜBUNG

ERLAUBEN SIE SICH ETWAS!

Identifizieren Sie die inneren Antreiber, die Ihnen Druck machen. Sie sind leicht zu erkennen, denn sie melden sich oft unmittelbar in der Kommunikation mit anderen oder wenn Sie gerade auf dem besten Weg sind, Ihr Tagespensum zu schaffen. Je nachdem, welche Antreiber dann auf den Plan treten – finden Sie dafür eine Erlaubnis-Alternative. Zum Beispiel so:

▸ »Sei schnell!« versus »Eins nach dem anderen« oder »Ich darf mir die Zeit nehmen, die ich brauche«.

▸ »Sei perfekt!« versus »So wie ich bin, bin ich völlig okay!« oder »Ich darf auch Fehler machen«.

▸ »Mach's allen recht!« versus »Ich achte auf mich und achte auf meine Bedürfnisse« oder »Ich vertraue meinem Urteilsvermögen«.

▸ »Sei stark!« versus »Ich darf mir helfen lassen« oder »Ich darf anderen meine Wünsche mitteilen«.

▸ »Streng dich an!« versus »Lass locker« oder »Auch was leicht geht und Freude macht, hat einen Wert«.

TEAMWORK VON KOPF UND BAUCH

Müssen die beiden Instanzen in uns, Kopf und Bauch, sich wirklich immerzu bekämpfen? An unseren Entscheidungen sind zwei Gehirnregionen beteiligt, die auslösende Reize mit unterschiedlichem Maß messen. Deshalb entscheiden wir das eine »mit dem Kopf«, das andere »aus dem Bauch heraus«. Das Schema Auslöser – Bewertung – Konsequenz hat daher einen Haken, denn Kopf und Bauch streiten sehr häufig um die Bewertungshoheit.

In der Großhirnrinde sind Verstand und Vernunft zu Hause, während es die Stärke des limbischen Systems, unseres Gefühlszentrums, ist, Personen, Situationen und Ereignisse schnell und nachhaltig emotional zu bewerten: »Der erste Eindruck zählt.« Jedoch ist unser Gefühlszentrum nicht auch gleichzeitig gut darin, komplexe Sachverhalte zu verarbeiten. Es kann auch keine mittelfristig oder langfristig orientierten Pläne oder Strategien entwickeln. Der Hirnforscher Professor Gerhard Roth verglich das limbische System einmal mit einem kleinen Kind, das »nur unmittelbare Vorstellungen über gut und schlecht, positiv und negativ, lustvoll und schmerzhaft entwickeln kann und nicht über die Stunde und den Tag hinaus denkt«.

Das führt im Alltag dann beispielsweise dazu, dass wir jetzt sofort das neue Tablet haben müssen und dabei völlig ausblenden, dass dies beim Stand unserer Finanzen eigentlich absolut nicht drin ist. Oder dass wir eine aktuell wichtige Arbeit unterbrechen, um eine bestimmte Zeile aus einem Songtext, die uns gerade in den Sinn gekommen ist, sofort im Internet zu finden.

Das hedonistische Prinzip

Im Gegensatz zum kleinen Kind, dessen Entscheidungen weitaus stärker als bei Erwachsenen vom limbischen System beherrscht werden, ist uns Erwachsenen in der Regel schon klar, dass wir nicht einfach unseren Impulsen aus dem Gefühlszentrum folgen, sondern uns Zeit lassen und auch Verstand und Vernunft der Großhirnrinde mit einbeziehen sollten – um die möglichen Folgen unseres Handelns einzuschätzen. Nicht umsonst wird oft geraten, man solle vor einer wichtigen Entscheidung erst einmal »eine Nacht darüber schlafen«. Weshalb also richten wir uns nicht bereitwillig nach dem »Verstandes- und Vernunfthirn«, sondern greifen bei der Geburtstagsparty nach dem Schokokuchen, wo wir uns doch endlich zu einer Diät entschlossen hatten? Nun, die Zielvorstellung, auf 60 Kilo abzuspecken, ist in diesem Moment einfach nicht so verlockend wie das Gefühl, wenn die Schokolade auf der Zunge zergeht …

Oft ist es gut und völlig okay, sich ganz impulsiv etwas zu gönnen – in anderen Situationen sind wir gut beraten, Nein zu sagen, weil das langfristige Ziel wichtiger ist. Das Examen zu bestehen ist eben bedeutsamer, als ins Schwimmbad zu gehen – und die Schwimmbadfigur ist wichtiger als der Schokokuchen.

GEFÜHL UND VERSTAND

Nicht der Verstand, sondern die Gefühle wirken als Motor für Veränderungen und steuern unser Handeln. Das gefühlsbetonte limbische System (gelb) hat gegenüber der rationalen Großhirnrinde (blau) stets das erste und auch das letzte Wort. Unser limbisches System entscheidet darüber, ob wir das, was unsere Vernunft und unser Verstand beschließen, auch tatsächlich umsetzen. Wenn es uns daher gelingt, eine vernunftorientierte Entscheidung mit positiven Gefühlen aufzuladen, stehen die Chancen gut.

3 WAGEN SIE IHREN EIGENEN WEG

Innere Impulse, von denen wir uns aus der Konzentration reißen lassen, sind das eine, Unterbrechungen, die uns von außen aufgezwungen werden, das andere. Mitarbeiterinnen, Vorgesetzte, Kolleginnen, Familienmitglieder, Freunde haben Wünsche, Vorschläge und Anliegen. Allzu oft lassen wir uns dadurch von dem ablenken, was wir jetzt eigentlich tun wollten. Je nachdem, wie stark wir uns mit dem identifizieren, was der andere von uns erwartet, desto stärker machen wir uns den äußeren Druck zu eigen und glauben, sofort reagieren zu müssen, um zu tun, was der andere will.

WAS WIR FRÜH LERNEN

Ob wir versuchen, zu viel auf einmal zu tun, ob sich auf dem Schreibtisch Berge von Unterlagen stapeln, ob wir unliebsame Aufgaben bis zuletzt vor uns herschieben, nicht Nein sagen können oder absolute Perfektion anstreben bei allem, was wir tun – stets hat dies auch etwas mit Prägungen und Überzeugungen aus unserer Kindheit zu tun. Medien, Schule und Freundeskreis haben hier ihren Teil beigetragen, doch waren unsere Eltern die ersten Einflussgrößen. Durch ihr Verhalten haben sie viele der Grundlagen unseres Selbstverständnisses gelegt. Als kleine Kinder waren wir völlig auf ihre Liebe und Zuneigung angewiesen und lernten vieles einfach dadurch, dass wir die Erwachsenen (oder auch ältere Geschwister) nachahmten. Positive Rückmeldungen bestärkten uns, ein bestimmtes Verhalten beizubehalten, negative Rückmeldungen ließen uns unwillkommenes Verhalten vermeiden. Die Ablehnung eines Verhaltens deuteten wir oft als Ablehnung unserer Person – wie unendlich schmerzhaft! Wenn wir fürchteten, dass der nächste Fehler wieder auf Ablehnung stoßen könnte, verhielten wir uns lieber so, dass uns Lob und Anerkennung gewiss waren.

Manche Überzeugungen und Verhaltensmuster unserer Bezugspersonen haben wir übernommen, ohne weiter darüber nachzudenken, denn sie erschienen uns selbstverständlich. Alternativen? Es kam uns gar nicht in den Sinn, dass es so etwas geben könnte.

Früh gelerntes Verhalten geht uns so in Fleisch und Blut über, dass es auf einen entsprechenden Auslöser hin wie auf Knopfdruck abgerufen werden kann:

- Der Vater eines Jungen hat nur dann Interesse an gemeinsamer Zeit, wenn es um sportliche Leistungen geht. Der Junge will Pause machen, aber der Vater drängt: »Sei ein echter Junge!« Der Sohn wird daran gewöhnt, seine Belastungsgrenze wie selbstverständlich zu überschreiten. Später, als Erwachsener, steuert er aufgrund chronischer Überlastung im Job auf einen Burnout zu, wobei er seine zunehmende Erschöpfung gar nicht richtig wahrnehmen kann.

- Ein Mädchen erfährt Lob und Aufmerksamkeit der Eltern, wenn es bei Geschwisterzank einlenkt, statt den eigenen Standpunkt zu vertreten: Der Klügere gibt nach. Bisweilen mag dies die richtige Strategie sein. Doch als starres Verhaltensmuster führt es zu Konfliktscheu und dazu, sich zu viel aufzuladen: Überzeugend Nein zu sagen wird nicht gelernt, mögliche Konflikte werden in vorauseilendem Gehorsam erstickt. Überstunden? Kein Problem! Zusätzlich zum laufenden Projekt noch eine weitere anspruchsvolle Aufgabe annehmen? Ja, natürlich. Ohne Rücksicht auf eigene Pläne, die eigene Gesundheit.

INNERER ANTREIBER NR. 3: MACH ES ALLEN RECHT!

Dies ist das Motto der Druckempfindlichen. Verhalte dich so, dass keiner etwas zu meckern hat – koste es, was es wolle. Dankbare Blicke zeigen das Wohlwollen der anderen. Wer sich jedoch vorrangig auf die Wünsche und Forderungen anderer konzentriert, dem fällt es oft schwer, eigene Wünsche und Ziele zu formulieren und sich selbst das Recht dazu einzuräumen. Antreiber Nr. 4 folgt auf Seite 63.

WAS ALLES SO HEREINSCHNEIT
Sie sind in das Beantworten einer Anfrage per E-Mail vertieft, als eine Kollegin hereinkommt, das Telefon klingelt und ein Pling-Pling den Erhalt weiterer Mails kundtut. Die Kollegin jedoch will eigentlich nur mal Hallo sagen, am Telefon drängt ein Kunde darauf, dass sein Auftrag vorgezogen wird, und auf dem Bildschirm lesen Sie lauter Nachrichten, die Sie gar nicht betreffen, aber Sie stehen dummerweise in Cc. Bis Sie anschließend wieder in Ihre Arbeit hineingefunden haben, ist insgesamt eine halbe Stunde vergangen.

Besonders wenn Sie zu den Druckempfindlichen gehören, sind Sie für Unterbrechungen durch die Anliegen anderer empfänglich. Obgleich Sie sich genervt fühlen, wollen Sie es sich doch mit niemandem verderben. Also nicken Sie ergeben und kommen den Anliegen nach, versuchen, so effizient wie möglich auf alles zu reagieren – und nach Feierabend arbeiten Sie dann das auf, was auf der Strecke geblieben ist. Nur ist leider von Ihrer Konzentrationsfähigkeit nun nicht mehr viel übrig, sodass es wieder mal spät wird …

Natürlich ist Ihnen klar, dass das nicht endlos so weitergehen kann, wenn Sie sich nicht irgendwann aufgrund chronischer Erschöpfung in der Rehaklinik wiederfinden wollen.

ÜBUNG
SCHRITT EINS ZU MEHR KONZENTRATION

Schalten Sie heute alle Störquellen aus, bei denen das leicht möglich ist. Etwa indem Sie …
▸ … Ihr E-Mail-Postfach nur dreimal am Tag öffnen, um Nachrichten zu sichten und zu bearbeiten,
▸ … das Telefon auf Anrufbeantworter stellen, solange Sie an einer wichtigen Aufgabe sind,
▸ … ein »Bitte nicht stören« an die Tür hängen oder den Kollegen sagen, dass Sie z. B. von 9 bis 11 Uhr an wichtigen Dingen arbeiten.
Welche weiteren kleinen Maßnahmen fallen Ihnen ein?

Der hohe Preis endloser Geduld

Ihr Partner oder ein Kollege unterbricht Sie bei dem, was Sie gerade tun, weil er seinen Ärger über einen Kunden loswerden will, Sie um etwas bittet, das er genauso gut selbst erledigen könnte, oder weil er einfach plaudern möchte. Sie nicken automatisch und unterbrechen Ihre Arbeit. Später ärgern Sie sich über sich selbst, weil die Unterbrechung Ihnen viel Zeit und Energie abverlangt hat und Sie es wieder mal nicht geschafft haben, sich abzugrenzen. Summieren sich solche Situationen über den Tag, sind Sie abends fix und fertig, ärgerlich, unzufrieden und haben das frustrierende Gefühl, ständig für die Bedürfnisse anderer herzuhalten.

Wenn sich etwas ändern soll, müssen Sie es selbst in die Hand nehmen. An den Erwartungen anderer können Sie nichts ändern, aber am eigenen Selbstverständnis und an der Art, wie Sie auf Unterbrechungen reagieren.

Sie werden es nie allen recht machen! Je mehr Sie das versuchen, desto mehr erwarten die anderen, dass Sie ihre Wünsche stets über Ihre eigenen stellen. Doch was bedeutet es eigentlich, wenn

> *»Gegenüber der Fähigkeit, die Arbeit eines einzigen Tages sinnvoll zu ordnen, ist alles andere im Leben ein Kinderspiel.«*
>
> JOHANN WOLFGANG VON GOETHE

jemand Sie nicht mehr schätzt, nur weil er Sie nicht nach Gutdünken aus einem Gedankengang reißen kann oder Sie nicht alle seine Anliegen zu Ihren eigenen machen? Würden Sie selbst dies von anderen verlangen? Zudem, Hand aufs Herz: Nehmen Sie manche Unterbrechung dankbar an, wenn's mit dem, was Sie gerade tun, nicht vorangeht?

Die entscheidende kleine Pause

Wenn Sie die Anliegen anderer allzu oft vor Ihre eigenen stellen, indem Sie Reaktionsmustern aus der Kindheit und inneren Antreibern folgen, verlieren Sie Ihre Prioritäten aus den Augen, sind gestresst und ärgerlich. Ein Schritt dazu, sich nicht mehr jeden Schuh anzuziehen: Werden Sie sich über die Wichtigkeit der Erwartungen anderer klar. Dabei unterstützt Sie die folgende Übung.

ÜBUNG

WER WAS VON MIR ERWARTET (1)

•

Denken Sie bei dieser Übung an die Menschen, mit denen Sie Tag für Tag beruflich und privat zu tun haben. Listen Sie die Namen und den jeweiligen Zusammenhang auf und lassen Sie jeweils etwas Platz. Womit reißen diese Personen Sie oft aus Ihrer Konzentration? Welche großen und kleinen Anliegen äußert die jeweilige Person am häufigsten? Schreiben Sie alles auf, was Ihnen einfällt.

▸ Mein Partner, meine Partnerin erwartet von mir ...

▸ Meine Tochter, mein Sohn erwartet von mir ...

▸ Meine Freundin oder mein Freund erwartet ...

▸ Mein Chef erwartet ...

▸ Mein Kollege erwartet ...

▸ Meine Kollegin erwartet ...

▸ Unterstreichen Sie nun die unabweisbaren Unterbrechungsgründe in blauer Farbe. Es gibt ja tatsächlich Situationen, in denen es sich empfiehlt, ohne viel Nachdenken einfach Ja zu sagen – beispielsweise eine bestimmte Anordnung vom Chef oder wenn Ihr Kind nach einem Fahrradsturz Ihre Hilfe braucht – doch sie sind vielleicht seltener, als Sie bisher dachten.

▸ Unterstreichen Sie dann die Anliegen, um die Sie sich nicht sofort kümmern müssten oder die eigentlich gar nicht zu Ihren Aufgaben gehören, rot.

▸ Lassen Sie nun die blau unterstrichenen unabweisbaren Unterbrechungsgründe beiseite und überlegen Sie bei jedem der rot unterstrichenen: Was passiert denn schlimmstenfalls, wenn ich es ablehne, das Anliegen zu erfüllen?

▸ Wie schlimm ist »schlimmstenfalls« wirklich? Wie wahrscheinlich (spontan in Prozent angegeben) ist es, dass meine Befürchtung eintritt? Was würde ich dann tun?

»Nein« ist ein gesundes Wort

»Nein, das geht jetzt nicht!« Oft steckt hinter der Scheu, die magischen Worte auszusprechen, die Angst, für unkollegial, egoistisch, herzlos, überfordert gehalten zu werden. Vieles davon erweist sich als unbegründet: Oft reagieren andere wesentlich gelassener, als wir erwartet haben. Wer Sie wirklich schätzt, nimmt Ihnen Ihr Nein weniger übel, als Sie befürchten mögen. Stattdessen spüren Sie öfter den Respekt der anderen. Seien Sie auf eine gewisse Anlaufzeit gefasst, in der die Menschen um Sie herum über Ihre neue »Widerspenstigkeit« überrascht sind und Sie selbst sich immer wieder einmal fragen, ob es ein Nein zu viel war. Alles Übungssache! Arbeiten Sie auch hier mit Erlaubnissen für sich selbst, die Sie dem automatischen Ja-Impuls entgegenstellen, etwa »Ich darf Nein sagen« oder »Ich sage Nein – und das ist okay«. Experimentieren Sie mit mehreren Sätzen und wählen Sie den, der sich am stimmigsten anfühlt. Wichtig ist, den Automatismus zu stoppen, um einen Moment des Reflektierens zwischenzuschalten: die Bewertung (siehe ab Seite 33).

> ÜBUNG
>
> ## WER WAS VON MIR ERWARTET (2)
>
> •
>
> Nehmen Sie nach ein paar Tagen Ihre Liste der Erwartungen (siehe vorige Übung) wieder zur Hand und gehen Sie die Punkte unter einem zweiten Gesichtspunkt durch: Wo handle ich genauso oder würde, wenn ich an der Stelle des anderen wäre, auch so handeln? Unterbreche ich selbst Kollegen, die beschäftigt sind, mit Fragen, die warten könnten? Versuche ich selbst, anderen Aufgaben aufzubürden, die ich genauso gut selbst erledigen könnte?
> Überprüfen Sie auch, wie Sie selbst damit umgehen, wenn jemand zu einem Ihrer Anliegen Nein sagt und Ihnen signalisiert, dass es ihm ungelegen kommt. Können Sie das Nein akzeptieren oder versuchen Sie, ihn umzustimmen?

Sie tun sich leichter, Störungen und Ablenkungen abzuwehren, wenn Sie mit gutem Beispiel vorangehen, damit Sie nicht zu hören bekommen: »Das sagt ja die Richtige!« Gehen Sie eine beidseitige Vereinbarung ein: Bestimmte Zeiten werden zu Ruhezeiten erklärt, wo man einander nicht stört oder ablenkt.

> ÜBUNG
>
> ## WER WAS VON MIR ERWARTET (3)
>
> •
>
> Nehmen Sie nach ein paar Tagen wieder Ihre Liste zur Hand und hinterfragen Sie die Anliegen gezielt:
> ▸ Ging es in der Situation um einen akuten Engpass? Falls nein: Wieso hat er/sie die Sache nicht selbst in die Hand genommen?
> ▸ Auf Kosten welches meiner Vorhaben ging es, Ja zu sagen? Wie habe ich mich dann gefühlt?
> ▸ Was hätte der andere eigentlich getan, wäre ich nicht da gewesen?

Ihre Antworten machen Ihnen bewusst, was Sie von sich aus bereit sind zu übernehmen, was Sie übernehmen können und wofür Sie künftig nicht mehr zur Verfügung stehen. Je mehr Sie bereit sind hinzunehmen, desto mehr wird Ihnen aufgeladen! Dabei geraten Ihre eigentlichen Aufgaben und auch Sie selbst, Ihre Zeit für Erholung und Entspannung ins Hintertreffen.

Vom Ton und der Musik

Eine Ablehnung muss keineswegs schroff daherkommen. Sie können sie auch so formulieren, dass der andere sie gut akzeptieren kann. Begründen Sie Ihre Ablehnung so, dass das Nein nachvollziehbar ist, beispielsweise: »Das ist leider nicht möglich. Ich bin selbst sehr mit Arbeit eingedeckt« oder »Es tut mir leid, ich habe alle Hände voll zu tun, weil ich einen Termin einhalten muss«. Sagen Sie anderen außerdem freundlich, aber klar, dass Sie zu bestimmten Zeiten – nämlich dann, wenn Sie an Ihren wichtigsten Vorhaben arbeiten – ungestört bleiben möchten. Meist genügt ein Satz wie »Jetzt passt es ganz schlecht. Gegen halb elf bin ich gerne für Sie da« oder »Jetzt geht es leider gerade nicht, ich melde mich bis Mittag bei dir«. (Siehe hierzu auch »Die Kunst, Prioritäten zu setzen«, ab Seite 18.) Sich entschlossen abzugrenzen fällt Ihnen mithilfe solcher Sätze besonders dann leichter, wenn ein Anliegen überraschend kommt oder wenn es sich um jemand handelt, der Ihnen nahesteht.

Ein halbwegs realistisches Ziel ist es, jeden Morgen zuerst mindestens eine Stunde frei von Unterbrechungen zu arbeiten. Erst dann ist Zeit für Telefonate, E-Mails und Anliegen aller Art.

Es mag momentan unangenehm sein, eine Grenze zu ziehen, doch ist es auf längere Sicht betrachtet besser, als sich immer wieder aus wichtigen Vorhaben herausreißen zu lassen – und vielleicht irgendwann die anderen mit dem eigenen Missmut vor den Kopf zu stoßen.

> *»Den Schlüssel zum Erfolg kenne ich nicht. Der Schlüssel zum Scheitern ist der Versuch, es allen recht zu machen.«*
>
> BILL COSBY

Nutzen Sie die vielen kleinen Gelegenheiten, die der Alltag mit sich bringt, um das Grenzenziehen zu trainieren. Springen Sie beispielsweise nicht mehr vorsorglich gleich auf, wenn jemand so schaut, als benötige er Ihre Hilfe. Wer tatsächlich Unterstützung braucht, wird das sagen. Überhören Sie indirekte Appelle wie »Beim Drucker ist wohl eine neue Farbpatrone fällig«. Statt sich automatisch zu kümmern, sagen Sie etwas wie »Okay. Die Patronen sind im Schrank links von dir«. Schöner Nebeneffekt: Wenn Sie sich künftig entscheiden, jemand anderem bei einer Aufgabe zu helfen, wird Ihre Hilfe als wertvoller wahrgenommen werden.

Eigene Ziele im Blick

Machen Sie sich immer wieder klar, was genau Ihre wichtigen Vorhaben sind. Ansinnen anderer abzulehnen ist einfacher, wenn Sie Ihre Prioritäten gut kennen: Wer weiß, wozu er Ja sagt, dem fällt es leichter, Nein zu sagen! Mit einer bewussten Entscheidung signalisieren Sie anderen und auch sich selbst: »Ich bin es mir wert, nicht mehr für alles und jedes zur Verfügung zu stehen!«

4 NEHMEN SIE TEMPO RAUS

Wenn immer mehr Arbeit auf immer weniger Köpfe und Hände verteilt wird und immer mehr Aufgaben »einfach so nebenher« erledigt werden sollen, fühlen wir uns bald wie in einem Hamsterrad. Das deprimierende Gefühl macht sich breit, nie fertig zu werden.

Auch der Feierabend sorgt nicht für richtige Erholung, weil wir nicht abschalten können und schon die Probleme von morgen wälzen. Die verfolgen uns bis in den Schlaf, oft vermischt mit Bildern aus dem Fernsehen. Wenn wir morgens aufwachen (falls wir überhaupt genug geschlafen haben), freuen wir uns im Extremfall gar nicht über den neuen Tag, sondern würden viel lieber im Bett bleiben. Das klingt dramatisch und ist es auch.

Je mehr sich unser Lebenstempo beschleunigt, desto mehr gehen uns das bewusste Erleben und die Sensibilität für die Bedürfnisse von Körper und Seele verloren. Phasen des Innehaltens, der Muße, des Abstands vom Alltag und der Entspannung sind jedoch ganz wesentlich, um uns zu erholen, neue Energie und Lebensfreude zu gewinnen. Besonders in sehr stressigen Phasen, in denen wir oft nicht mehr wissen, wo uns der Kopf steht, brauchen wir schöpferische Pausen, um wieder wir selbst zu werden.

MEHR GELASSENHEIT!

Gerade wer sich dauerndes Multitasking angewöhnt hat, legt im Bestreben, möglichst viel in möglichst kurzer Zeit abhaken zu können, ein halsbrecherisches Tempo vor und gönnt sich selten einmal wirkliches Nichtstun. Wem das Schnell-Schnell zur zweiten Natur geworden ist, der hält sich mental kaum je im Hier und Jetzt, sondern fast ausschließlich in der Zukunft auf – bei den Aufgaben, die alle noch getan werden müssen, beim Gespräch mit dem Chef, beim Abarbeiten des Aktenberges, bei

> »Es gibt Wichtigeres im Leben, als beständig dessen Geschwindigkeit zu erhöhen.«
>
> MAHATMA GANDHI

bevorstehenden Terminen, bei Befürchtungen, mit einem Projekt nicht fertig zu werden oder irgendetwas zu vergessen.

Die unentwegt vorauseilenden Überlegungen, was noch alles zu tun ist, sind typisch, wenn wir in der Beschleunigungsspirale gefangen sind. Während wir noch mit der aktuellen Aufgabe beschäftigt sind, geht uns parallel dazu das schrille und antreibende »Ich muss noch ...«, »... und das auch noch!« durch den Kopf. Pausen gönnen wir uns immer seltener, denn die sind nicht erholsam, im Gegenteil: Die schrillen Stimmen werden bei Untätigkeit noch lauter.

Aufgaben wachsen nach

So sehr wir uns auch abstrampeln: Wir werden tatsächlich nie mit allem fertig sein. Schnelligkeit ändert daran rein gar nichts. Als eingefleischte Multitasker haben wir vielleicht tatsächlich kurzzeitig die Nase vorn – häufig aber nur, um dann wegen Flüchtigkeitsfehlern infolge mangelnder Aufmerksamkeit alles noch mal von vorn machen zu müssen. Doch selbst wenn wir es schaffen, Verschiedenes parallel fehlerfrei auf die Reihe zu kriegen, sind wir am Abend vielleicht drei Schritte weiter, als wir es mit der Methode »Eins nach dem anderen« gewesen wären. Doch wir fühlen uns auch gereizt und erschöpft, denken an all das, was trotz Multitasking auf der Strecke geblieben ist.

Würden wir, an unseren Prioritäten orientiert, der Eins-nach-dem-anderen-Strategie folgen, kurze Pausen inklusive, dann wären wir am Abend gelassener und wahrscheinlich auch zufriedener mit uns selbst. Wir würden eher auf das schauen, was wir auf den Weg gebracht haben, und das andere mit einem bedauernden Schulterzucken auf den kommenden Tag verweisen. Nachdem wir gemäß unseren Prioritäten vorgegangen sind, ist ohnehin das Wichtigste auf den Weg gebracht. Die positive Energie, die eine solche Zufriedenheit nach getanem Werk mit sich bringt, verleiht uns auch am nächsten Tag den Schwung und die Konzentration, um wieder ein gutes Stück zu schaffen.

Aufgaben wachsen nach, egal, ob wir 55, 85 oder sogar 100 Prozent unserer Tagesagenda bewältigt haben. Anrufe, E-Mails, Anliegen aller Art werden von unserer bienenfleißigen Umgebung immer neu hervorgebracht. Lassen Sie den Anspruch los, fertig werden zu wollen.

DER MYTHOS MULTITASKING

Welcher Strategie wollen Sie folgen: »Alles auf einmal« oder »Eins nach dem anderen«? Eine kleine, aber wichtige Entscheidungshilfe könnte dies sein: Multitasking gibt es eigentlich gar nicht!

DAS HIRN IST KEIN BETRIEBSSYSTEM

Der Begriff Multitasking stammt aus der Informationstechnologie. Er beschreibt die Fähigkeit eines EDV-Betriebssystems, mehrere Aufgaben parallel zu bewältigen. Dies versuchte man auf die kognitiven Prozesse beim Menschen zu übertragen. Wie verschiedene Studien ergaben, kann jedoch die für die Steuerung bewusster Prozesse zuständige Hirnregion, der sogenannte präfrontale Kortex, im Gegensatz zu einem Computer nicht mehrere Vorgänge gleichzeitig durchführen. Er muss vielmehr innerhalb von Millisekunden zwischen den unterschiedlichen Anforderungen hin und her schalten.

Denn wir können unsere Aufmerksamkeit nicht so zwischen zwei Aufgaben aufteilen, dass wir sie beide mit gleicher Konzentration und in gleicher Qualität durchführen können.

In den meisten Fällen leiden also beide Aufgaben unter der geteilten Zuwendung. Trotzdem wird heute fast überall erwartet, dass wir im Beruf mehreren Tätigkeiten parallel Aufmerksamkeit widmen, wie zum Beispiel:

- ein Schriftstück bearbeiten und nebenher E-Mails sichten und beantworten
- in der Dienstbesprechung voll konzentriert sein und gleichzeitig abrufbereit für eingehende Anrufe
- abends noch schnell in den Supermarkt und dabei ein paar späte Anrufe entgegennehmen
- zu Hause gleichzeitig Einkäufe wegpacken, das Abendessen planen, den Stapel an Post sichten

Wer sich den E-Mails widmet oder sich mental auf Anrufe einstellt, ist jedoch nicht in der Lage, gleichzeitig einem Gespräch konzentriert zu folgen. Letzteres funktioniert schon nicht, wenn wir zugleich das Smartphone im Blick

> *»Multitasking heißt, viele Dinge auf einmal zu vermasseln.«*
>
> ERWIN KOCH

haben, um eingehende Nachrichten sofort zu sehen. Denn: Später erinnern wir uns dann nur noch verschwommen an das, was der andere gesagt hat.

Einfachen Wahrnehmungen und Tätigkeiten können wir uns parallel widmen, beispielsweise beim Bügeln Musik hören oder beim Fernsehen essen – eben dann, wenn wir eine Tätigkeit so stark verinnerlicht haben, dass sie keine besondere Aufmerksamkeit erfordert.

Sobald uns aber etwas Unerwartetes irritiert, halten wir inne und konzentrieren uns nur noch auf eine Information oder Aktivität. Unsere bügelnde Hand hält inne, wenn wir neben der Musik plötzlich ein Geräusch hören, das wir nicht gleich zuordnen können. Wir hören kurz auf zu kauen, wenn im Film etwas besonders Dramatisches geschieht. Sobald wir nicht nur wahrnehmen, sondern auch reagieren, scheitert der Versuch der Gleichzeitigkeit.

Bei den anspruchsvolleren Tätigkeiten braucht jede einzelne bewusste Entscheidung unsere ausschließliche Zuwendung. Daher ist auch das Telefonieren am Steuer mit dem Handy in der Hand verboten. Doch selbst mit Freisprecheinrichtung bleibt es riskant: Studien ergaben, dass die Reaktionsgeschwindigkeit beim Telefonieren mit Freisprecheinrichtung derjenigen eines Fahrers mit 0,8 Alkoholpromille im Blut entspricht!

Multitasking kostet Zeit, statt Zeit zu sparen!

Wer ständig zwischen verschiedenen Aufgaben hin- und herwechselt, verlängert mittelfristig betrachtet die Bearbeitungszeit deutlich. Mit dem Switchen zwischen einer Aufgabe und einer anderen steigt der Aufwand, der zur Lösung der Aufgaben erforderlich ist. Zudem erhöht sich die Fehlerquote, wie Arbeitswissenschaftler herausgefunden haben. Wer auch nur für drei Minuten von seiner eigentlichen Aufgabe abgelenkt ist und etwas anderes tut, benötigt zwei Minuten, um sich wieder auf den aktuellen Stand der Dinge zu bringen. Geschehen die Unterbrechungen sehr oft, dann können solche Orientierungsminuten bis zu vierzig Prozent der Arbeitszeit betragen!

Langfristig überfordert uns diese unstete Arbeitsweise. Nichts wird mehr in einem vernünftigen Zeitrahmen fertig, da die Konzentration durch die ständigen Unterbrechungen immer schwerer fällt. Die andauernde Reizüberflutung führt auch dazu, dass der Organismus aus der Stressreaktion (siehe Seite 97) gar nicht mehr herauskommt. Wenn wir häufig das Gefühl haben, unser Arbeitspensum nicht mehr zu schaffen, wenn sich auf dem Schreibtisch Angefangenes und Halbfertiges stapelt und wir uns ständig von Neuem in das Unfertige hineindenken müssen, entwickeln wir Widerwillen und Verdruss. So werden wir schließlich weder unserer Arbeit noch uns selbst gerecht.

Mit der folgenden Übung können Sie sich vergegenwärtigen, dass es nicht in erster Linie darauf ankommt, wie viel Sie täglich schaffen – sondern darauf, wie Sie persönlich die Zeit erleben, in der Sie damit beschäftigt sind, Ihre Aufgaben zu erledigen.

ÜBUNG

SURFEN AUF DEN INFO-WELLEN

•

Nehmen Sie sich eine Viertelstunde Zeit und sorgen Sie dafür, dass Sie ungestört sind. Setzen oder legen Sie sich bequem hin und schließen Sie die Augen. Stellen Sie sich vor, Sie seien am Meer. Es ist das Meer der Informationen – ein weites, tiefes Meer. Nun gleiten Sie elegant auf einem Surfbrett auf den Wellen entlang, eine Welle nach der anderen hinauf und hinab. Sie erleben sich als dynamisch, flexibel und beweglich. Sie konzentrieren sich nur jeweils auf die Welle, auf der Sie gerade reiten. Dann kommt die nächste. Die nächste. Die nächste. Sie atmen die würzige, klare Seeluft und sind eins mit Ihrer Bewegung, Welle für Welle.

Wenn Sie dann zurück am Strand sind, sind Sie noch ganz erfüllt von Ihrem Erleben und lassen es schön langsam ausklingen.

Sie wissen: Sie können nicht zwei Wellen auf einmal reiten und Sie sind auch niemals »fertig«. Nach einer Welle kommt immer die nächste. Und das Meer ist so groß, weit und tief, dass Sie niemals alles ersurfen können werden, egal, wie oft und wie lange Sie auf Ihrem Brett unterwegs sind. Es wird immer bei einem Ausschnitt bleiben – das ist okay und es ist nicht wirklich wichtig, wie groß dieser Ausschnitt ist. Viel wichtiger ist es, dass Sie sich spüren und dass Sie eins mit der Bewegung sind.

Machen Sie die Übung immer mal wieder, um Abstand zur Anspannung zu gewinnen. Vielleicht platzieren Sie ein Miniatur-Surfbrett oder das Foto eines Wellenreiters auf Ihrem Schreibtisch, um sich häufig daran zu erinnern: Sie werden nie »fertig« sein, es kommt darauf an, wie Sie Ihre Lebenszeit erleben.

»Der Mann, der den Berg versetzte, war der gleiche, der anfing, kleine Steine wegzutragen.«

CHINESISCHES SPRICHWORT

HEKTIK IST AUCH NUR EINE GEWOHNHEIT

Gewohnheiten sind, wie wir wissen, zählebig. Wenn wir uns im Job angewöhnt haben, von einem Punkt der To-do-Liste zum nächsten zu hetzen und dabei am besten mehreres auf einmal zu erledigen, lassen wir das nicht hinter uns, wenn wir nach der Arbeit die Bürotür abschließen. Uns angetrieben zu fühlen ist uns so in Fleisch und Blut übergegangen, dass wir auch in der Freizeit in unseren Gedanken immer in die Zukunft drängen, nichts verpassen wollen, möglichst viele Erlebnisse »mitnehmen« wollen, als sei das Leben eine Kaffeefahrt mit ständigen Einkaufsstopps. Und statt einen herrlichen Sonnenuntergang zu genießen, machen wir ein Foto davon mit dem Smartphone und verschicken es an alle …

Unsere Rastlosigkeit trifft auch andere, die sich mehr Zeit lassen. Ungeduldig zappeln wir herum und würden dem anderen das, womit er beschäftigt ist, am liebsten aus der Hand reißen und es selbst erledigen, so aufreizend und quälend erscheint uns diese Langsamkeit. Doch wer durchs Leben hetzt und sich über Ereignisse, die aufhalten, aufregt, für den reiht sich eine Panne an die nächste. Wer hingegen ruhig und gelassen bleibt, behält die Kontrolle und lässt sich nicht von jeder Unwägbarkeit aus dem Konzept bringen. Vielleicht kennen Sie auch einen jener Menschen, die Sie mit dem Auto zum Bahnhof fahren und dabei so wirken, als sei es ihnen egal, dass Ihr Zug in 15 Minuten fährt. Doch wenn Sie sicher, ohne Zwischenfall und Fluchen ankommen, haben Sie sogar noch Zeit für einen Espresso …

Geduld und Zeit für Veränderung

So weit, so einleuchtend. Jedoch: Wenn uns Hektik und Ungeduld zur zweiten Natur geworden sind, ist es schwierig, sich eine andere Reaktion vorzustellen. Und doch sind wir keine Gefangenen unserer Gewohnheiten. Wir können sie ablegen und uns neue zu eigen machen. So wie Eile eine Gewohnheit ist, kann es auch eine gelassene Lebensweise sein. Doch Vorsicht! Ähnlich wie beim Versuch, ein paar überflüssige Pfunde loszuwerden, ist es kontraproduktiv, wenn Sie sagen: »Ab morgen ...« Die Erwartung, dass vom einen Tag auf den nächsten alles anders wird, führt meist zur Enttäuschung. Eine Umgewöhnung braucht Zeit, Stolpersteine und Umwege inbegriffen. Es ist ein Prozess, nichts, was man durchzieht und dann abhakt. Sich Gelassenheit und innere Ruhe zu eigen zu machen, wo wir bisher von Stress und Hektik angetrieben waren, ist also nicht ganz einfach. Aber es ist möglich – und sehr lohnend.

Indem wir Prioritäten setzen, Unwichtiges beiseitelassen, Störungen von innen und von außen konsequent abweisen oder schon im Vorfeld minimieren, tun wir viel dafür, die täglichen Herausforderungen gelassen zu nehmen.

INNERER ANTREIBER NR. 4: STRENG DICH AN!

»Das Leben ist ein Kampf!« – »Es wird einem nichts geschenkt!« – »Nur was man sich erkämpft, ist auch etwas wert!« Die Sage von der bitteren Medizin führt oft dazu, dass wir uns übernehmen, das Gefühl für die eigenen Grenzen verlieren. Typisch ist dann, dass wir bei einer Aufgabe den umständlichsten, anstrengendsten Weg wählen, denn nur was richtig fordert, kann gut sein. Multitasker greifen oft zu dem Mittel, Dinge parallel zu erledigen, um zu zeigen, wie leistungsfähig sie sind und wie sehr sie sich engagieren. Auch mancher Schnäppchenjäger strengt sich an und investiert viel Zeit, um das Beste zum absolut günstigsten Preis zu ergattern. Der Druckempfindliche strengt sich ständig an, um negativem Feedback zu entgehen. Antreiber Nr. 5 folgt auf Seite 70.

Immer schön langsam!
Der erste Schritt zur Veränderung ist, Momente des Innehaltens und der bewussten Konzentration in den Alltag zu integrieren. Sich vorzunehmen, nun gleich alles und jedes langsamer zu tun oder ab sofort immer die volle Konzentration auf nur eine Sache zu richten, wäre viel zu hoch gegriffen! Sie brauchen ein realistischeres Ziel – auch weil vieles in unserem Alltag vorgegeben ist. Wenn eine zusätzliche Aufgabe ebenso unaufschiebbar ist wie das, was gerade in Arbeit ist, dann bleibt nur der Versuch, beides irgendwie auf die Reihe zu kriegen. Umso wichtiger ist es, dass wir jenseits solcher Sachzwänge die Spielräume, die wir haben, für uns nutzen.

ÜBUNG

DER »INNERE VOLLBILDMODUS«

•

Betrachten Sie die Idee, mehr Ruhe und Konzentration in Ihr Leben zu bringen, nicht als weitere Aufgabe, sondern als eine Art Spiel:
▸ Schalten Sie immer mal kurz in den »inneren Vollbildmodus«: Seien Sie einige Momente ganz bei dem, was um Sie herum geschieht, was Sie tun, was Sie denken und fühlen.
▸ Bleiben Sie eine Minute oder länger im bewussten Gewahrsein, bevor Sie wieder auf Normalmodus schalten.
▸ Gelegenheiten zum Üben gibt es viele: das Zähneputzen, die morgendliche Dusche, das Gehen von einem Raum in den anderen, wobei Sie jeden Schritt wahrnehmen, das Verlagern des Gewichts von einem Fuß auf den andern, den Untergrund, das Licht ... Nehmen Sie die Treppe zum Büro Stufe für Stufe, spüren Sie Ihre Fußsohlen, registrieren Sie den Lichteinfall durchs Fenster, riechen Sie Kaffeeduft aus der Küche ...

Wenn Sie die Übung regelmäßig machen, einfach immer wieder kurz innehalten und für einige Momente achtsam sind, werden Sie schon nach ein paar Tagen bemerken, dass Sie ruhiger und gelassener werden – und auch wieder mehr Freude an Ihrem Tun, über sich selbst und über Ihre Umgebung empfinden. Sie werden auch immer mehr Gelegenheiten zum Üben entdecken.

Schalt die Welt auf Pause!

Arbeiten Sie auch durch? Weil Sie überzeugt sind, dass Sie sich keine Pause »leisten« könnten? Zu viel zu tun – die Pause scheint einfach nicht in den Tag zu passen. Oder sie besteht darin, dass Sie vor dem Computer ein Butterbrot essen, »um Zeit zu sparen«. Manchmal liegt das halb aufgegessene Brot dann abends noch da oder Sie können sich nach dem letzten Bissen gar nicht mehr erinnern, wie es geschmeckt hat …

Ohne echte Pausen leisten wir zudem deutlich weniger, als wenn wir uns Auszeiten gönnen, haben Arbeitspsychologen herausgefunden. Erholungsphasen lassen sich nicht schnell mal aufschieben. Wer durcharbeitet – etwa auch um schneller nach Hause zu kommen –, hängt dann oft nach Feierabend nur noch passiv auf dem Sofa vor dem Fernseher herum, fühlt sich einfach zu geschafft, um mehr zu unternehmen.

Pausen, in denen Sie sich nicht vom Platz wegbewegen, die Sie damit ausfüllen, E-Mails zu checken, Ihre Unterlagen umzustapeln oder im Internet zu surfen, sind keine Pausen, eher die Fortführung des Bisherigen mit anderen Mitteln. Wir brauchen echte Pausen. Pausen, in denen wir Abstand zu unserem Tun finden, uns mit etwas völlig anderem beschäftigen – oder uns einfach nur völlig untätig entspannen. Wie Studien zeigen, können Informationen auch deutlich besser und nachhaltiger verarbeitet werden, wenn wir im Anschluss nicht gleich das Nächste in Angriff nehmen, sondern uns erst eine Pause gönnen, in der wir nichts tun, was den Geist in Anspruch nimmt. Die folgende Übung lässt Sie dies erleben.

»Alles auf einmal tun zu wollen zerstört alles auf einmal.«

GEORG CHRISTOPH LICHTENBERG

> ÜBUNG
>
> **ENERGIE TANKEN**
>
> •
>
> Wechseln Sie, wenn Sie Pause machen, stets die Umgebung. Stehen Sie auf und gehen Sie ein paar Schritte, schon das bisschen Bewegung ordnet Ihre Gedanken. Öffnen Sie wenn möglich ein Fenster und nehmen Sie ein paar tiefe Atemzüge. Stellen Sie sich dabei vor, wie Sie beim Ausatmen Stress, Hektik und Belastendes loslassen und wie das Einatmen der frischen, sauerstoffreichen Luft Sie mit neuer Energie erfüllt.
>
> Nehmen Sie wahr, wie Sie mit jedem Atemzug mehr loslassen können und wie die frische Luft Sie anregt und stärkt. Bleiben Sie eine Weile bei dieser Vorstellung. Fühlen Sie einfach nur den Atem aus- und einströmen. Ohne Anspruch, dass dies perfekt oder etwas Besonderes werden müsste, nur einfach kommen und gehen lassen.

Kurzpausen wie diese helfen dabei, Abstand zu finden und erfrischt wieder ans Werk zu gehen. Hier noch einige wichtige Regeln zum Pausentiming:

- Wenn Sie glauben, sofort eine Pause zu brauchen, haben Sie sie schon zu lange hinausgezögert. Gehen Sie rechtzeitig in eine kleine Pause, bevor Sie sich verausgabt fühlen.
- Viele kurze Pausen sind effektiver als nur eine lange.
- Um gut zu regenerieren, ist es ideal, die Pausen locker über den Arbeitstag zu verteilen. Faustregel: etwa fünf Minuten pro Stunde ausspannen, die Umgebung wechseln, sich bewegen.
- Am einfachsten ist es, sich anzugewöhnen, jeweils nach Abschluss einer anspruchsvolleren Aufgabe eine Kurzpause einzulegen.

Auch wenn Sie nicht jedes Mal hinaus an die frische Luft gehen können: Wichtig für den inneren Abstand ist, dass Ihre Pausenbeschäftigung einen Kontrast bildet zu dem, was Sie vorher taten. Haben Sie am Bildschirm gearbeitet, tun Sie nun etwas mit den Händen. Nach langem Telefonieren sich kräftig bewegen, etwa einige Treppen nehmen.

Wer lernt, tagsüber immer wieder Augenblicke ganz bewusst zu erleben und sich selbst zu spüren, kommt innerlich zur Ruhe. Bereits einige wenige achtsame Momente am Tag beeinflussen die Lebensqualität positiv und stärken unsere Lebenszufriedenheit.

Nutzen Sie immer wieder kleine Zeiträume, um bewusst innezuhalten, die Gedanken zur Ruhe kommen zu lassen und sich und Ihr Umfeld mit allen Sinnen wahrzunehmen.

ÜBUNG
MINI-AUSZEIT

Wenn Sie aufgeregt sind oder sich von Impulsen überflutet fühlen, hilft auch Folgendes: Gehen Sie kurz in einen anderen Raum, schließen Sie dort die Augen und konzentrieren Sie sich einfach auf Ihren Atem. Lassen Sie ihn bewusst ein- und ausströmen, so lange, bis Sie fühlen, dass Sie wieder ruhiger und gelassener werden.

Die Kunst des Feierabends

Der Heimweg von der Arbeit bietet die Gelegenheit, innerlich Abstand vom Tagestrubel zu finden und die Freizeit einzuläuten. Am besten wählen Sie dafür einen Platz auf Ihrem Weg, der Ihnen gefällt und wo Sie Ruhe haben.

Als Autofahrer können Sie beispielsweise einen Parkplatz ansteuern, aussteigen, sich recken und strecken, ein paar tiefe Atemzüge nehmen und spüren, wie Sie den Arbeitstag mit jedem Ausatmen mehr loslassen können. Oder Sie können in Ihrer Vorstellung Ärger, Sorgen oder Befürchtungen einfach aus dem Autofenster davonziehen lassen und so um vieles leichter nach Hause fahren. Auch lautes Singen hilft loszulassen, befreit und gibt viel Energie.

Mit dem Fahrrad oder zu Fuß wählen Sie beispielsweise eine Bank auf dem Weg aus, wo Sie kurz Platz nehmen können, vielleicht im Park oder am Fluss. Kommen Sie mit ein paar tiefen Atemzügen zur Ruhe, um dann in Ihrer Vorstellung alle mit Ihrer Arbeit verbundenen Gedanken und Gefühle in die Luft aufsteigen zu lassen und himmelwärts zu schicken.

ÜBUNG

GEDANKEN IN DIE SCHUBLADE STECKEN

•

Nehmen Sie sich zehn Minuten Zeit und sorgen Sie dafür, dass Sie in dieser Zeit nicht gestört werden. Setzen Sie sich nun bequem hin. Schließen Sie die Augen und nehmen Sie einige tiefe Atemzüge.

Begeben Sie sich jetzt in Ihre Vorstellung und lassen Sie vor Ihrem inneren Auge einen großen Schrank mit vielen Schubladen Gestalt annehmen. Jede der Schubladen in diesem Schrank verfügt über ein Schlüsselloch. Der Schlüssel zu all diesen Schubladen befindet sich in Ihrer Hand.

Nehmen Sie sich nun einen nach dem anderen diejenigen Gedanken vor, die Sie beunruhigen oder bedrücken – besonders jene, die immer wieder auftauchen –, und ordnen Sie sie verschiedenen Kategorien zu, beispielsweise »Aktuelles Projekt«, »Auftrag X«, »Probleme mit Kollegen«, »Probleme mit dem Chef« und so weiter.

Jeden dieser Gedanken, die Sie momentan beunruhigen oder bedrücken, legen Sie in die entsprechende Schublade und stellen sich vor, dass Sie diese nun mit dem Schlüssel in Ihrer Hand abschließen.

Verfahren Sie so lange nach diesem Muster, bis all die Gedanken gut einsortiert sind und Sie nicht mehr innerlich aus dem Gleichgewicht bringen können. Sie wissen, dass Sie jederzeit jede dieser Schubladen wieder öffnen und sich dem jeweiligen Problem widmen können. Aber jetzt ganz aktuell sind alle diese Ruhestörer sicher und ordentlich verwahrt – jeder da, wo er hingehört.

Öffnen Sie anschließend Ihre Augen und genießen Sie das schöne Gefühl, wieder frei von den diffusen Befürchtungen und Sorgen zu sein. So können Sie nun leichten Herzens Ihren Tag fortsetzen.

5 ZEIT, RAUM UND STILLE ERLEBEN

Zeit ist knapp, das Leben ist kurz, so sind wir gewohnt zu denken. Grund genug, jede Minute zu nutzen und möglichst gut auszufüllen. Fast kommt es uns schon seltsam vor, wenn jemand sagt, er habe Zeit, oder erwähnt, er habe am Wochenende noch nichts vor. Haben wir selbst einmal unerwartet freie Zeit zur Verfügung, empfinden wir das fast als etwas unheimlich, sind verunsichert: Müssten wir nicht …?

Das »Normale« ist heute, beruflich und auch privat über Wochen hinweg verplant zu sein. Die Angst, etwas zu versäumen, treibt uns an, den Terminkalender immer wieder bis zum Anschlag vollzustopfen, sodass wir folgerichtig von einem Termin zum nächsten hetzen und die einzelnen Stationen auf unserem Weg gar nicht mehr bewusst genießen können.

Zeitknappheit ist das Normale geworden, unverplante Zeiträume sind rar. Wir möchten mehr an Aktivität und Erleben in die Zeit hineinpacken, aber sie entgleitet uns, verrinnt wie feiner Sand zwischen unseren Fingern.

UNSERE WAHREN LUXUSGÜTER

Kommen in der Liste Ihrer persönlichen Prioritäten Zeiten für Ruhe, Entspannung und Muße vor? (Siehe auch ab Seite 24.) Oder finden diese nur dann statt, wenn absolut alles abgearbeitet ist (also eher selten?) – und werden sie als Erstes gestrichen, wenn Sie mit Ihrem Zeitplan in einen Engpass geraten sind? Bekanntlich führt genau das Bestreben, möglichst viel in die zur Verfügung stehende Zeit hineinzupacken, dazu, dass sie umso schneller zu verrinnen scheint. Und wir reagieren auf dieses Phänomen oft damit, dass wir noch mehr an Tempo zulegen, von der Angst getrieben, »es nicht zu schaffen«. Viel effektiver wäre es, lockerzulassen und die Aufmerksamkeit jeweils nur auf das zu richten, was momentan aktuell ist.

> »Die größten Ereignisse, das sind nicht unsere lautesten, sondern unsere stillsten Stunden.«
>
> FRIEDRICH NIETZSCHE

INNERER ANTREIBER NR. 5: SEI STARK!

Hinter diesem letzten der fünf inneren Antreiber (siehe Seite 19) verbirgt sich vielfach der Anspruch, unter allen Umständen zu funktionieren, stets die Kontrolle zu behalten – und sich nichts anmerken zu lassen, wenn einmal etwas nicht rundläuft. Der Multitasker, der mit drei Projekten gleichzeitig jongliert, wird dann behaupten, »alles im Griff« zu haben, auch wenn ihm in Wirklichkeit alles über den Kopf zu wachsen droht. Der Druckempfindliche wird beteuern, dass es ihm »überhaupt nichts ausmacht«, zusätzlich auch noch für den Kollegen einzuspringen. Wer sehr unter dem Einfluss des »Sei stark«-Antreibers steht, macht oft einen angespannten und wachsamen Eindruck – so, als wolle er jederzeit gegen Angriffe gewappnet sein.

Zeit-Fragen sind Sinn-Fragen

Hinter Fragen, die die Zeit betreffen, verbergen sich häufig auch Fragen nach dem Sinn: Wenn wir Zeitprobleme zu haben glauben, ist unweigerlich auch unser individuelles Wertesystem ein Thema: Was ist uns wichtig, wofür können wir uns begeistern, was streben wir an? Wofür lassen wir wenn nötig anderes beiseite?

Zeit lässt sich weder sparen noch ausdehnen. Sie lässt sich nicht managen. Zeit können wir nur erleben, entweder bewusst im Hier und Jetzt oder in unseren Gedanken, vergraben in dem, was gestern war, was morgen sein könnte, was wir als Nächstes tun wollen.

Wir haben an jedem Tag so viele Möglichkeiten dazu, innezuhalten, tief durchzuatmen und unser Denken, Fühlen und Erleben ganz auf die Gegenwart auszurichten. Unsere Zeit wird nicht wertvoller dadurch, dass wir möglichst viel Erlebbares darin unterbringen, sondern durch die Qualität des Erlebten: indem wir uns bewusst die Zeit nehmen, unser Erleben intensiver zu gestalten und zu vertiefen.

Jeden Morgen liegt ein neuer Tag vor uns und wir haben die Möglichkeit, diesen Tag nicht nur mit vielen Aktivitäten, sondern auch mit Augenblicken des Innehaltens und bewussten Erlebens zu gestalten.

Für all jene, denen das zu wenig nützlich erscheint: Keine Sorge, Sie werden auf diese Weise auch erheblich mehr Energie für all die wichtigen Aufgaben haben, die zu erledigen sind. Doch seien Sie ebenso darauf vorbereitet, dass Ihnen das eine oder andere nicht mehr so unendlich wichtig vorkommt, wenn Sie Ihre Zeit bewusster nutzen …

Die folgende Übung trainiert die Sinne und macht auch unabhängiger von dem meist vorherrschenden Sehsinn. Über diesen versuchen wir den ganzen Tag lang möglichst viel aufzunehmen, unsere Augen fliegen am Bildschirm von Fenster zu Fenster, erfassen den Sinn eines Textes beim Überfliegen, liefern dem Gehirn zahlreiche Bilder zum Entschlüsseln. Lassen wir das Sehen einmal kurz zur Ruhe kommen, spüren wir uns selbst wieder mehr. Gleichzeitig gönnen wir damit unseren Augen ein bisschen willkommene Entspannung.

ÜBUNG

DIE EXTRAPORTION BEWUSSTHEIT

•

Schließen Sie hin und wieder einmal für ein paar Minuten die Augen und achten Sie darauf, was Sie alles mit Ihren übrigen Sinnen wahrnehmen können:

▶ Wo sind Sie gerade? In welchem Raum, in welchem Gebäude, welcher Stadt …

▶ Welche verschiedenen Geräusche nehmen Sie wahr?

▶ Was spüren Sie?

▶ Wie fühlt sich Ihr Körper an, Ihre momentane Haltung?

▶ Was können Sie gerade riechen?

▶ Haben Sie einen bestimmten Geschmack im Mund?

Nehmen Sie einfach nur wahr. Ohne zu bewerten oder über das Wahrgenommene nachzudenken. Seien Sie einfach nur da und spüren Sie, was gerade ist.

MEDITATION: EINE NEUE ZEITQUALITÄT

Die Meditation eignet sich besonders gut, um Zeit wieder intensiver erleben und genießen zu können, denn sie bewirkt, dass wir die Zeit als verlangsamt empfinden. Wenn wir meditieren, richten wir unsere Wahrnehmung ganz bewusst auf das Jetzt – und »verlängern« damit den Augenblick. Die erholsame Wirkung dieses fokussierten Zustands lässt sich in der Gehirnaktivität messen. Auch der Körper reagiert spürbar und messbar auf die Veränderung.

WAS BEIM MEDITIEREN PASSIERT

Der Herzschlag verlangsamt sich, der Atem wird ruhiger und tiefer, Anspannung weicht aus dem Körper. Während das Gehirn im normalen Wachbewusstsein des logischen, prüfenden und zielgerichteten Denkens hochfrequente (schnell schwingende) Betawellen produziert, werden in der Meditation die niederfrequenten (langsam schwingenden) Alpha- und Thetawellen erzeugt. Alphawellen gelten als Tor zur Meditation. Sie sind als verbindendes Element wichtig, damit Informationen aus dem Thetawellen-Bereich in unser Wachbewusstsein übertragen werden können. Thetawellen sind während kreativer und spiritueller Prozesse und in den Traumphasen des Nachtschlafs aktiv, und eben auch bei der Meditation. Dadurch unterscheidet sich Meditation von der bloßen Entspannung, bei der sich überwiegend Alphawellen zeigen.

Keine bloße Entspannungstechnik

Während es bei Entspannungstechniken in erster Linie darum geht, Körper und Geist zu beruhigen und einen gelösten, entspannten Zustand zu erreichen, wird bei Meditationsübungen angestrebt, die Konzentration zu stärken, Bewusstheit, Aufmerksamkeit und Achtsamkeit zu intensivieren. Während es bei vielen Entspannungsübungen durchaus erwünscht ist, in einen leichten Trancezustand oder ins »Dösen« zu gelangen, wird bei Meditationsübungen also eine gesteigerte Aufmerksamkeit und Wachheit angestrebt.

Zahlreiche wissenschaftliche Untersuchungen belegen die positive Wirkung des Meditierens auf Gesundheit und Wohlbefinden. Eine neue Studie zeigt nun, dass schon acht Wochen regelmäßiger täglicher Meditation von jeweils 20 bis 30 Minuten Dauer messbare Veränderungen in Hirnregionen bewirken, die beispielsweise für Selbstwahrnehmung, Erinnerung, Empathie und für die Balance von Stress und Entspannung zuständig sind.

Wie Meditieren der Reizüberflutung entgegenwirkt

Der vietnamesische Mönch, Schriftsteller und Lyriker Thich Nhat Hanh verwendet ein sehr anschauliches Bild, um das Wesen der Meditation zu beschreiben: »In uns ist ein Fluss von Gefühlen, und jeder Tropfen darin ist ein anderes Gefühl, und jedes Gefühl braucht alle anderen, um zu existieren. Um den Fluss zu beobachten, setzen wir uns einfach an das Ufer und identifizieren jedes Gefühl, wie es auftaucht, vorbeifließt und verschwindet.«

Dieser Aspekt ist besonders wichtig für alle, die sich von der überbordenden Vielfalt von Informationen und Handlungsanreizen (»Tu dies!«, »Tu das!«, »Kauf jenes!«, »Mach's jedem recht!«) in ihrer Entscheidungsfreiheit beeinträchtigt fühlen, sich schlecht konzentrieren können und deren Aufmerksamkeit sich oft im Vielzuviel verheddert.

Denke immer daran, dass es nur eine wichtige Zeit gibt: Heute. Hier. Jetzt.

LEO TOLSTOI

Ganz einfach zu lernen

Meditation verhilft dazu, sich wieder sammeln zu können und innerlich ruhiger und gelassener zu werden. Sie brauchen dazu nicht im Lotussitz auf dem Boden zu sitzen – ein Stuhl oder Hocker, der auf Ihre Körpergröße abgestimmt ist, tut es genauso gut (wenn die Füße auf dem Boden stehen, sollten die Knie einen rechten Winkel bilden). Jeder kann Meditation für sich persönlich lernen – unter Anleitung in einem Meditationskurs oder als Selbstlernprojekt mittels Lern-CD, Buch oder auch mit einer App fürs Smartphone. Eine einfache und von der Methode her leicht zu praktizierende Meditationsform ist die Atemmeditation.

ÜBUNG

MEDITIEREN MIT DEM ATEMRHYTHMUS

•

Nehmen Sie sich fünf Minuten Zeit und stellen Sie eine Stoppuhr (online, per App oder ganz real) oder den Küchenwecker entsprechend ein. Sorgen Sie dafür, dass Sie in dieser Zeit ungestört bleiben.

▸ Setzen Sie sich auf einen Stuhl oder Hocker und stellen Sie die Füße parallel auf den Boden.

▸ Legen Sie die Handflächen locker ineinander in den Schoß und achten Sie darauf, dass Ihr Rücken gerade ist. Die Augen können Sie entweder schließen oder Sie schauen auf den Boden vor sich, ganz wie es Ihnen lieber ist.

▸ Entspannen Sie sich und konzentrieren Sie sich nun auf Ihren Atem.

▸ Nehmen Sie wahr, wie die Luft durch Ihre Nase ein- und ausströmt und wie sich der Brustkorb bei jedem Einatmen hebt und bei jedem Ausatmen wieder senkt. Beobachten Sie aufmerksam, welche Teile Ihres Körpers am Atmen mit beteiligt sind.

- Konzentrieren Sie sich bei dieser Meditation auch weiterhin allein auf Ihren Atem und die rhythmischen Bewegungen Ihres Brustkorbs.
- Begleiten Sie den Atem mit Ihrer Aufmerksamkeit, aber forcieren Sie nichts. Lassen Sie den Atem einfach kommen und gehen und nehmen Sie das Herein- und Herausströmen bewusst wahr.
- Ab und zu werden Ihre Gedanken abschweifen und vielleicht auch immer wieder Dinge, die Sie derzeit beschäftigen, zum Thema machen wollen. Das ist ganz normal. Ärgern Sie sich nicht, sondern nehmen Sie dies einfach nur zur Kenntnis und lassen Sie die Gedanken weiterziehen. Lenken Sie Ihre Aufmerksamkeit dann einfach wieder zurück auf Ihren Körper und Ihre Atmung.
- Lassen Sie auf diese Weise alle auftauchenden Gedanken los, sobald Sie ihrer gewahr werden. Lassen Sie sie einfach kommen und gehen, beschäftigen Sie sich nicht mit ihnen, bewerten Sie sie nicht, denken Sie sie nicht weiter und verstricken Sie Ihre Aufmerksamkeit nicht in den Inhalt.
- Wenn das Signal der Uhr ertönt, beenden Sie Ihre Atemmeditation langsam. Recken und strecken Sie sich, nehmen Sie ein paar tiefe Atemzüge und stehen Sie auf.

Variante: Wenn Sie möchten, können Sie sich auch beim Einatmen vorstellen, dass Sie ein bestimmtes Gefühl oder einen Zustand »einatmen«, das oder den Sie im Moment für besonders wichtig halten, beispielsweise Freude, Ruhe, Harmonie, Klarheit … Beim Ausatmen stellen Sie sich vor, im Gegenzug loszulassen, was Sie momentan bedrückt oder belastet. Auch hier gilt: Machen Sie sich keine Gedanken über das, was dabei auftauchen mag, sondern spüren Sie einfach nur aufmerksam nach, wie die Vorstellung des Aufnehmens und die des Loslassens sich jeweils auf Ihr Körpergefühl auswirken.

Ihr Meditationsrhythmus

Wichtig für Ihre tägliche Meditationspraxis ist es, dass Sie die Meditationszeit gut in den Tagesablauf einbauen können, denn nur dann wird sie Ihnen zur selbstverständlichen Gewohnheit. In diesem Sinne ist es gut, mit einer kurzen Meditation von fünf Minuten zu beginnen. Fällt Ihnen selbst das zunächst schwer, starten Sie mit drei Minuten, in denen Sie in die wohltuende Wirkung hineinschnuppern können.

Wenn es gut klappt mit den täglichen Übungszeiten, gehen Sie daran, die Zeitspanne auszubauen – etwa indem Sie alle vier Wochen eine Minute länger meditieren. Als ideal gelten 20 bis 30 Minuten pro Tag, in denen sich die positiven Wirkungen der Meditation voll entfalten können. Wenn Sie jedoch merken, dass Sie zehn Minuten noch gut unterbringen, längere Zeitspannen aber nicht mehr, bleiben Sie bei den zehn Minuten. Schon kurze Meditationseinheiten können Aufmerksamkeit und Konzentrationsvermögen erheblich verbessern und helfen, Abstand zu finden und Klarheit zu gewinnen.

Wichtig für den Erholungseffekt ist Kontinuität. Regelmäßiges kurzes Üben bewirkt mehr als sporadisches längeres Meditieren. Natürlich kann es sein, dass das Bedürfnis nach mehr Zeit für Ihre Meditation von selbst in Ihnen erwacht.

MEDIZIN FÜRS NERVENSYSTEM

Wer sich regelmäßig in Meditation übt, dem fällt es zusehends leichter, störende Gedanken loszulassen. Meditation fördert Achtsamkeit und Konzentration, Selbstvertrauen und innere Ruhe. Meditieren hilft Körper, Geist und Seele, intensiv zu regenerieren. Wie die amerikanische Psychologin Dr. Sara W. Lazar in verschiedenen Experimenten nachweisen konnte, regenerierten sich die Nervenzellen ihrer meditierenden Probanden innerhalb von nur acht Wochen. Teilweise wurden sogar neue Zellen im Nervensystem gebildet.

ORTE DER STILLE UND MUSSE
Nicht nur eine Überfülle an optischen Reizen kann uns stark beanspruchen, auch Lärm und laute Geräusche, die häufig ins Ohr dringen, bereiten Stress. Ständig sind wir heutzutage von einer mehr oder weniger lauten Geräuschkulisse umgeben – während wir im Supermarkt einkaufen, werden wir ungebeten mit Musik beschallt und mit Werbesprüchen, die oft mehr gebrüllt als gesprochen werden. Zurück auf der Straße, umgibt uns wieder der allgegenwärtige Verkehrslärm. Am Arbeitsplatz klingeln Telefone, springen ratternd Drucker an und beim Essen in der Kantine herrscht Stimmengewirr und es scheppern Töpfe und Teller. Wieder zu Hause, schalten wir zuerst Radio oder Fernseher an, weil wir mit der plötzlichen Stille überfordert sind … falls uns nicht ohnehin unsere Kinder mit freudigem Geschrei in Empfang nehmen.

Dem Alltagslärm entfliehen
Orte der Stille bilden einen Kontrast zum stetigen Strom der Umgebungsgeräusche. Wir sollten solche Orte regelmäßig aufsuchen – das ist wichtig, um zur Ruhe zu kommen, sich zu sammeln, unsere Gedanken frei fließen zu lassen und im turbulenten Alltag wieder zu uns selbst zu finden. Dadurch gewinnen wir an Souveränität und sind der täglichen Hektik nicht mehr schutzlos ausgeliefert. Wir werden zudem widerstandsfähiger gegen die Lockvögel der Werbung und all die Zwänge zum Multitasking, die unser moderner Alltag zu bieten hat. Anregungen für Ihre persönlichen Orte der Stille finden Sie im nachfolgenden Abschnitt.

Orte der Stille aufsuchen
Gönnen Sie sich Abstand zur alltäglichen Reizvielfalt, indem Sie bewusst Momente der Stille pflegen und gezielt Orte der Stille aufsuchen, ob zum Meditieren oder einfach zum Genießen. Hier einige Vorschläge.
- Ruhe vor dem Sturm: Bleiben Sie morgens zwischen Aufwachen und Aufstehen noch einige Minuten einfach still liegen und lauschen Sie ganz bewusst dem, was Sie gerade hören – vielleicht Vogelgezwitscher, vielleicht sanfter Regen, der an die Fensterscheiben klopft, vielleicht

Geräusche im Haus. Stimmen Sie sich gedanklich in Ruhe auf den Tag ein.
- Zimmer der Stille: Ziehen Sie sich in ein Zimmer zurück, in dem es weder Computer, Drucker und Telefone noch Fernsehen und Musikanlage gibt. Setzen Sie sich auf einen Stuhl, schließen Sie die Augen und entspannen Sie sich ein paar Minuten lang ganz bewusst. Nehmen Sie Ihren Körper wahr, von den Zehenspitzen bis zum Scheitel.
- Ins Lesen vertiefen: Ziehen Sie sich doch einmal wieder mit einem Buch oder interessanten Zeitungsartikel aufs Sofa oder in Ihren Lieblingssessel zurück. Vertiefen Sie sich ohne zusätzliche Geräuschkulisse in die Welt der Worte: Lassen Sie Radio, Fernseher und Co. ausgeschaltet. Lediglich die ohnehin vorhandenen leisen Umgebungsgeräusche sind da. Vielleicht gehören Sie ja auch zu den Glücklichen, für die das sanfte Schnurren oder Schnarchen einer Katze die Entspannung unterstreicht.
- Draußen im Park: Setzen Sie sich auf eine Parkbank, schließen Sie, wenn Sie mögen, die Augen und konzentrieren Sie sich darauf, Geräusche in der Umgebung wahrzunehmen – das Rascheln von Blättern, Vogelstimmen, Schritte auf den Wegen, die sich nähern und wieder entfernen. Nehmen Sie einfach nur wahr, werten Sie nicht.
- Sanfte Bewegung: Joggen oder walken Sie, ohne sich dabei per Kopfhörer akustisch berieseln zu lassen, und hören Sie einmal nur auf Ihren Atem und Ihre Schritte.
- Wellen der Ruhe: Setzen Sie sich ans Ufer eines Gewässers oder auf einen Steg. Lauschen Sie der sanften Geräuschkulisse: leises Gluckern und Plätschern, das Rascheln von Blättern im Wind, das gelegentliche Auftauchen von Fisch oder Frosch, die Unterhaltungen der Wasservögel – herrlich! Wenn Sie die Möglichkeit haben, eine Runde mit dem Boot oder Kanu in dieser ganz eigenen Welt zu drehen, nutzen Sie sie!
- Ganz leise rieselt der Schnee … Im Spätherbst und Winter herrscht oft eine besonders bezaubernde Stille, die zum Spaziergang einlädt. Das ist auch gut gegen den Winterblues!

- Oasen in der Öffentlichkeit: Besuchen Sie auch einmal, falls in Ihrer Nähe vorhanden, einen öffentlichen »Raum der Stille«, wie es ihn beispielsweise am Brandenburger Tor in Berlin oder am Hamburger Hauptbahnhof gibt und mittlerweile auch in vielen anderen großen und kleinen Städten (einfach im Internet unter »Raum der Stille« suchen).
- Salzgrotte: Auch ein Aufenthalt in einer Salzgrotte ist inzwischen in vielen Städten möglich – voll bekleidet, es ist also auch für die Mittagspause geeignet. Die reine Luft in der Grotte soll zusätzlich zu der tiefen Entspannung auch gegen Erkrankungen wie Asthma und Allergien helfen.
- Kirchenschiff: Nicht zuletzt sind Kirchen Orte der inneren Einkehr. Auch wenn Sie nicht religiös sind, trägt die Atmosphäre in einem Gotteshaus viel dazu bei, Sie innerlich zur Ruhe kommen zu lassen.
- Urlaub: Ob im Kloster, auf dem Stille-Hof, im Ferienhaus in Skandinavien … In allen Jahreszeiten gibt es Angebote, die Sie dabei unterstützen, Abstand zur überbordenden Reizfülle des Alltags zu finden.

Sicher kennen Sie noch weitere Orte der Stille, die Ihnen angenehm sind.

ANGENEHME STILLE

Akustikforscher gehen davon aus, dass man schon unterhalb von vierzig Dezibel von Stille sprechen kann – und nicht erst bei null Dezibel. Eine solche absolute Stille würden wir als unnatürlich empfinden und kämen uns wie abgeschnitten von unserer Umgebung vor. Eine Stille, die Entspannung fördert, setzt sich dagegen aus leisen, wohltuenden und kontinuierlichen Geräuschen zusammen – in einer Lautstärke etwa zwischen zehn und vierzig Dezibel, wie beispielsweise Blätterrascheln, leise Musik oder leichter Regen.

6 SELBSTBESTIMMT ENTSCHEIDEN

Keinen Plan zu haben, auf Prioritäten zu verzichten, sich kaum persönlicher Ziele und Wertvorstellungen bewusst zu sein hat Folgen:

- Das Schnäppchen ist vielleicht für den Verkäufer ein gutes Geschäft, für Sie ist es ein letztlich teurer Fehlkauf.
- Der Kollege, der Sie einfach in ein Projekt mit einplant, weil Sie nicht laut genug Nein gesagt haben, profitiert vielleicht sehr von Ihrer Mitarbeit, Sie jedoch haben eine zusätzliche Bürde, die Sie Zeit und Aufwand kostet.
- Wer keine Prioritäten setzt, ist zudem oft damit beschäftigt, hektisch mehrere Aufgaben gleichzeitig abzuarbeiten, immer im Wettlauf mit der Uhr. Es scheint aber, dass für jede erledigte Aufgabe zwei neue nachwachsen.

Ohne eigene Wertvorstellungen leidet auch die Wertschätzung für uns selbst: Wir achten kaum noch auf Pausen, Erholung, Entspannung, auf Lebensfreude und unser eigenes Glück. Daher ist es sehr wichtig, klar zu definieren, was wir tatsächlich wollen und was nicht.

Die ersten Schritte zu mehr Selbstbestimmung haben Sie bereits getan, wenn Sie es schaffen, Ihre eigenen Prioritäten zu setzen. Dafür ist es wichtig, sich im Reiz-Reaktions-Schema der zwischengeschalteten Bewertung bewusst zu werden (siehe ab Seite 33).

Indem Sie sich dem Zwang entziehen, alle in Sie gesetzten Erwartungen zu erfüllen, und indem Sie Tempo aus Ihrem Leben nehmen und mehr Stille, Bewusstheit und Reflexion zulassen, bewerten Sie bewusster und entscheiden eher in Ihrem eigenen Sinne.

VON DER LUST UND QUAL DES ABWÄGENS

Gerade bei komplexeren Entscheidungen ist es sinnvoll, nicht einfach dem ersten Impuls zu folgen. Also zum Beispiel nicht zu sagen »Ja, natürlich nehme ich Ihnen das ab!«, wenn Sie dabei Ihre Mittagspause und den Feierabend davonschwimmen sehen. Geben Sie vor jeder Entscheidung zuerst dem Denkhirn (siehe Seite 46 f.) eine Chance, sich mit den Auswirkungen zu beschäftigen!

Vernunftentscheidungen mit Verfallsdatum

Bei wichtigen Entscheidungen sammeln und verarbeiten wir Informationen, wägen sorgfältig zwischen den Vor- und Nachteilen der einzelnen Alternativen ab, malen uns die jeweils möglichen Folgen aus. Wir wollen uns unbedingt für die in unseren Augen beste Möglichkeit entscheiden.

Oftmals sind wir dabei jedoch mit so vielen Informationen konfrontiert, dass es unmöglich ist, alle Alternativen mit allen Konsequenzen zu kennen und diese dann auch alle gegeneinander abwägen zu können. Unsere Gedanken drehen sich im Kreis – mal scheint uns das eine richtig, dann wieder genau das Gegenteil. Tage- und oft auch nächtelang drehen und wenden wir das Problem – ohne befriedigendes Ergebnis. Die Vernunft ist offenbar keineswegs immer dazu in der Lage, eine vernünftige Entscheidung zu treffen.

Wir schalten also in unserer Not doch wieder eine andere Instanz hinzu: das emotionale Erfahrungsgedächtnis. Hier ist gespeichert, welche Entscheidungen uns schon einmal positive Emotionen beschert haben. Etwa wenn wir Ja gesagt haben zu einer weiteren Aufgabe und der Kollege uns so dankbar ansah. Oder als der Paketpostbote uns die sündteure neue Handtasche lieferte.

Dasselbe gilt auch bei weniger wichtigen Entscheidungen, etwa ob wir sofort die Tafel Schokolade anbrechen oder nicht: Streitet die Vernunft mit sich selbst, freut sich unser Gefühlszentrum (siehe Seite 47) und nutzt die Verwirrung, um seine Wünsche durchzusetzen. Nicht der Verstand, sondern die Gefühle sind es also, die letztlich als Motor für Veränderungen wirken und unser Handeln steuern.

Hilflos ausgeliefert?

Unsere Chance zur selbstbestimmten Entscheidung besteht darin, dass wir Vernunft und Emotionen verknüpfen. Wenn es uns gelingt, eine vernunftorientierte Entscheidungsalternative mit positiven Gefühlen »aufzuladen«, dann sind wir auf einem sehr guten Weg: Wir schaffen es nun viel besser, kurzfristigen Verlockungen zu widerstehen, weil wir stattdessen unser langfristiges Wohlergehen im Auge behalten.

Macht mich das glücklich?

Beobachten Sie einmal, in welchen Situationen Sie sich immer wieder auf die gleiche Weise verhalten, obwohl Sie ahnen oder sogar aus Erfahrung wissen, dass das, was Sie da fast automatisch tun, vielleicht gar nicht sinnvoll ist oder Ihnen sogar schadet.

- Tut es Ihnen wirklich gut, von einem Schnäppchen zum nächsten zu jagen, und wie lange kann das neue T-Shirt Ihr Glück vermehren?
- Fühlen Sie sich wirklich erleichtert, wenn Sie wider die eigene Überzeugung nachgeben?
- Was macht es mit Ihrer Lebensenergie, immer wieder aufs Neue durch den Tag zu hetzen und möglichst viel auf einmal zu erledigen?

Sicher, alle diese Reaktionen auf Reize scheinen, kurzfristig gesehen, durchaus vorteilhaft zu sein. Die Schnäppchenjagd verschafft uns, wenn wir »zuschlagen«, einen Kick. Wenn wir Ja sagen, wo wir Nein meinen, vermeiden wir Konflikte und Streit. Wenn wir multitasken, haben wir den Eindruck, ungeheuer produktiv und effektiv zu sein. Doch aus einer langfristigen Sicht heraus erkennen wir, dass wir nichts gewinnen, sondern in vielerlei Hinsicht draufzahlen. Mit unserem Geld, mit unserem Selbstwertgefühl, mit unserem Konzentrationsvermögen.

Streuen Sie Sand ins Getriebe!

Sie entscheiden, ob Sie einem Reiz oder Impuls so viel Macht über sich geben, dass Sie ihm einfach blindlings folgen. Wollen Sie stattdessen die Kettenreaktion unterbrechen und impulsives durch besonnenes Handeln ersetzen, gilt es …

- Ihre individuellen Auslöser zu identifizieren,
- innezuhalten und Ihre gewohnheitsmäßige Interpretation der Auslöser zu hinterfragen,
- Handlungsalternativen zu finden.

Immer wieder geht es darum, sich in der Kette Reiz – Bewertung – Reaktion der Bewertung bewusster zu werden. Lassen Sie sich nicht zum Sklaven Ihrer Impulse machen. Finden Sie heraus, was die Auslöser sind, auf die Sie anspringen und die Sie aus Ihrem inneren Gleichgewicht katapultieren. Je genauer Sie Ihre Auslöser kennen, desto gezielter können Sie gegensteuern.

ÜBUNG
MACHEN SIE IHR GLÜCK ZUM MASSSTAB

•

Schalten Sie Ihre inneren Sensoren dafür ein, wann Sie etwas zu tun im Begriff sind, von dem Sie wissen oder ahnen, dass es Ihnen schadet. Bei der nächsten Gelegenheit nehmen Sie sich in dieser Situation einen Moment Zeit, um kurz zu reflektieren, was gerade geschieht.

Beantworten Sie sich dann die folgende Kette von vier Fragen:

- Wenn ich das jetzt tue, macht es mich jetzt tatsächlich glücklich?
- Falls es mich jetzt glücklich macht, tut es das auch morgen noch?
- Falls ja, macht es mich auch in einer Woche noch glücklich?
- Und schließlich: Hilft mir das, was ich gerade zu tun im Begriff bin, dabei, langfristig glücklicher in meinem Leben zu werden?

Sich diese Fragen zu stellen und sie ehrlich zu beantworten hilft Ihnen dabei, Ihre Perspektive zu erweitern. Es stärkt die Bereitschaft, sich eher für das zu entscheiden, was uns längerfristig weiterbringt, als für den kurzfristigen Kick oder die kurzfristige Erleichterung.

Sie haben mithilfe der Übung wieder etwas mehr über Ihre typischen Auslöser herausgefunden. Machen Sie es sich zur Gewohnheit, auftauchenden Impulsen, denen Sie bisher automatisch gefolgt sind, mit diesen Fragen zu begegnen. Dann stellen Sie nach einiger Zeit fest, dass Sie immer weniger von dem tun, was Sie nicht glücklich macht. Stattdessen wächst Ihre Zufriedenheit darüber, im richtigen Moment Nein gesagt zu haben, Sie genießen das Gefühl der Freiheit, auf die Schokolade oder T-Shirt verzichten zu können. Somit ist auch das Gefühlszentrum zufrieden und meutert nicht mehr.

AKTIVE SELBSTSORGE

Gehen wir nun einen weiteren, entscheidenden Schritt, um wirklich etwas an unseren Gewohnheiten zum Positiven zu verändern. Machen Sie sich bewusst: Welche Handlungsweisen, welche Denkmuster schränken Sie in Ihrem Leben ein? Welche alternativen Herangehensweisen könnten Sie im Ergebnis mehr zufriedenstellen?

Vor allem, indem Sie sich ab jetzt darin üben, Prioritäten zu setzen, und indem es Ihnen immer früher gelingt, innezuhalten, bevor Sie eine Wahl treffen (siehe ab Seite 32), haben Sie bereits die Weichen gestellt. Auf diese Weise verhindern Sie, dass andere Ihnen das Heft aus der Hand nehmen und Sie dann vor vollendeten Tatsachen stehen.

Dabei ist es gut, sich immer wieder zu vergegenwärtigen, dass Sie – bis ins hohe Alter hinein – lernfähig bleiben. So wie Sie Ihre jetzigen Reaktionsweisen auf bestimmte Auslösereize hin irgendwann einmal erlernt haben, können Sie sie auch wieder verlernen und sich neue Herangehensweisen zu eigen machen, sie erproben und trainieren.

Was es dazu braucht? In erster Linie Geduld, eine gute Frustrationstoleranz (da eingefleischte Gewohnheiten zählebig sind) – und eine wohlwollende und humorvolle Haltung sich selbst gegenüber. Eine gute Selbstsorge eben.

EIN KLASSISCHER BEGRIFF DER ETHIK

Schon die griechischen Philosophen Platon und Sokrates verwendeten den Begriff der Selbstsorge. Neu aufgegriffen wurde er in den 1960er-Jahren von dem französischen Philosophen Michel Foucault. Es geht, kurz zusammengefasst, darum, sich die eigene innere Freiheit zu bewahren und sie auf dieser Basis auch den anderen zuzugestehen. Außerdem beinhaltet die aktive Selbstsorge, gut für sich selbst und die eigene Gesundheit zu sorgen – Voraussetzung, um über viele Jahre die täglichen Aufgaben gut zu meistern.

Intensive Selbstsorge statt impulsives Reize-Hopping

Genau betrachtet bedeutet Selbstsorge, eigene Wünsche und Bedürfnisse hinter den kurzatmigen Reiz-Reaktions-Automatismen besser kennenzulernen und zu verstehen. Denn wir haben viel mehr Entscheidungen selbst in der Hand, als wir zuweilen glauben. Wenn wir uns dessen bewusst werden, eröffnet uns das neue Möglichkeiten des Denkens und des Handelns, die uns zufriedener und glücklicher machen als die bisherigen Denk- und Verhaltensweisen.

Gut investierte Zeit

Selbstsorge bedeutet auch, Fähigkeiten und Kompetenzen zu entwickeln und sich auf die eigenen Stärken zu konzentrieren. Auf diese Weise können Sie Ihr Leben aktiver gestalten, statt sich treiben zu lassen von gerade daherkommenden Reizen, Wünschen, Aufgaben. Ein erster kleiner, aber sehr wirksamer Schritt zu einer dauerhaften Umorientierung besteht darin, Ihr Arbeits- und Lebensumfeld so zu verändern, dass Sie Abstand zu gewohnten Reizauslösern schaffen. Zum Beispiel, indem Sie …

- … das E-Mail-Programm geschlossen halten und nur zu bestimmten Zeiten hineinschauen, um die Mails dann zügig abzuhaken. Was nicht mehr gebraucht wird, wandert in den Papierkorb!
- … zu den Zeiten, in denen Sie nachdenken oder sich auf etwas Wichtiges konzentrieren wollen, das Telefon so schalten, dass eingehende Anrufe lautlos auf den Anrufbeantworter umgeleitet werden.
- … Werbebroschüren mit den neuesten Schnäppchen gleich in den Papierkorb werfen, ohne sich damit zu beschäftigen.
- … Ihren Schreibtisch gründlich aufräumen, abwischen und sich eine Vase mit frischen Blumen gönnen. Damit signalisieren Sie sich selbst und auch allen anderen: Hier wird mit Freude, aber hoch konzentriert gearbeitet.

»Nicht versuchen. Tue es oder tue es nicht. Es gibt kein Versuchen.«

JEDI-MEISTER YODA

ÜBUNG

NICHT ABLENKEN LASSEN!

•

Nehmen Sie sich einige Minuten Zeit. Falls Sie wie viele Menschen unter einem sanften Zeitdruck besonders gute Ideen haben, stellen Sie sich eine Stoppuhr auf fünf Minuten.

▸ Überlegen Sie, was Sie tun können, um in Ihrem (Arbeits-)Alltag die Zahl der ablenkenden Reize zu senken. Schreiben Sie alle Ideen auf, die Ihnen dazu in den Sinn kommen. Was können Sie tun? Was können Sie lassen?

▸ Nun bringen Sie Ihre Ideen in eine neue Reihenfolge: Auf Platz eins setzen Sie diejenige Idee, deren Umsetzung Ihnen nach Ihrem Ermessen am leichtesten fällt, auf Platz zwei diejenige, die Ihnen am zweitleichtesten fällt, und so weiter.

Dann beginnen Sie damit, das Erkannte Schritt für Schritt umzusetzen: das Leichteste zuerst und dann steigern Sie den Schwierigkeitsgrad immer weiter.

Gönnen Sie sich nach jeder erfolgreichen Umorientierung eine kleine Belohnung, sei es zum Beispiel eine neue, originelle Schreibtischunterlage, eine schöne CD, die neuen Laufschuhe, die schicke Fahrrad-Aktentasche, ein Abendessen mit Freunden, ein Wochenendausflug – oder einfach ein dickes Lob für sich selbst.

Es funktioniert viel besser, sich auf das zu konzentrieren, was Sie gerade tun, wenn Sie nicht ständig gleichzeitig gegen eine Vielfalt von mentalen Reizen ankämpfen müssen. Mithilfe der Übung verknüpfen Sie Ihre Vernunftentscheidung zur Veränderung neben dem eigentlichen Erfolgserlebnis mit noch mehr Glücksgefühlen – da ist der nächste kleine oder große Erfolg schon fast vorprogrammiert (siehe hierzu auch Seite 92).

Effektiv: Gleichartiges gruppieren

Ein ganz einfacher Trick, wie Sie mehr Ruhe und Konzentration in Ihren Alltag bringen konnen, lautet: Bündeln Sie ähnliche Aufgaben und arbeiten Sie die Aufgaben jedes Bündels dann nacheinander ab. Dies beschränkt die Zeit auf ein Minimum, die notwendig ist, sich auf jede neue Aufgabe einzustimmen. Statt etwa die E-Mails, Telefonate und das Bearbeiten administrativer Aufgaben über den Arbeitstag zu verteilen, gruppieren Sie Gleichartiges und stellen es Zug um Zug fertig. Gerade wenn Sie ein geübter Multitasker sind, kann dieses Vorgehen ungemein erleichternd sein! Einige Beispiele:

- Statt sofort wie unter Zwang zu reagieren, wenn eine Mail ankommt, beschränken Sie das Schreiben und Beantworten von Mails auf zwei oder drei von Ihnen selbst festgelegte Zeiträume. Sie werden feststellen, dass die täglichen Mails kein »Kleinvieh« auf der Uhr sind, sondern ein ganz kapitaler Brocken. Ordnen Sie die Mails vor dem Beantworten nach Themen und Projekten beziehungsweise Personen. So haben Sie alles im Blick und können sich oft Aufwand sparen.
- Eine weitere Gruppe könnten Artikel, Nachrichten, Berichte bilden, die für Sie beruflich interessant sind. Lesen Sie sie nicht eben mal zwischendrin.
- Für Telefonate planen Sie ebenfalls einen bestimmten Zeitraum ein. So erreichen Sie, dass die Gespräche kurz und praxisorientiert bleiben.
- Wichtig: Trennen Sie private und berufliche Kommunikationskanäle und Aufgaben, wann immer möglich!

Überlegen Sie: In welchen weiteren Bereichen Ihres Alltags können Sie für mehr »Singletasking« sorgen? Schon wenige Weichenstellungen in Richtung Ruhe und Konzentration bewirken viel. Es liegt in Ihrer Hand, wie umsichtig Sie mit Ihrer Energie und Ihren mentalen Ressourcen umgehen.

Überlegen Sie auch, welche Tätigkeit wann am besten in Ihren Rhythmus passt. Zum Beispiel können sich viele Menschen am Vormittag am besten in die laufende Arbeit vertiefen, sind am frühen Nachmittag gut aufgelegt für Telefonate und erledigen E-Mails gern am späteren Nachmittag oder morgens.

Impulse vertagen

Die Qualität unserer Entscheidungen bestimmt die Qualität unseres Lebens. Blindlings Impulsen zu folgen heißt, das Steuer aus der Hand zu geben und andere bestimmen zu lassen. Oft steckt dahinter schlicht Bequemlichkeit: Wir hatten ja keine andere Wahl. Noch stärker ist die Angst, etwas zu verpassen oder ins Hintertreffen zu geraten, und die Angst, sich Kritik auszusetzen. All das bewirkt häufig, dass wir aus einem Reflex heraus handeln (siehe »innere Antreiber« ab Seite 19). Dies verleitet dazu, dass wir die Verantwortung für unser Verhalten nach außen delegieren: Das Schnäppchen ist schuld, dass nun Ebbe in der Kasse ist. Die ständigen E-Mails und SMS, der dominant auftretende Kollege sind schuld, dass wir unsere Aufmerksamkeit nicht dem eigentlichen Projekt zuwenden können.

Doch was ist eigentlich so schlimm daran, bewusste Entscheidungen zu treffen und die Verantwortung dafür zu übernehmen, statt sich einfach durch Reize von außen oder durch plötzlich auftauchende Impulse steuern zu lassen – und sich dann als deren Opfer zu fühlen? Würden wir wirklich Gefahr laufen, etwas zu verpassen, etwas falsch zu machen oder dumm dazustehen? Wie berechtigt sind Sorgen wie »Wenn ich jetzt nicht zugreife, tut es jemand anders«, »Wenn ich jetzt nicht meine Mails checke, könnte ich etwas verpassen« oder »Wenn ich jetzt nicht tue, was der andere will, könnte er ärgerlich werden oder eine schlechte Meinung von mir haben«? Neinsagen ist eine Kunst, die wir trainieren können, ebenso das Zwischenschalten einer Bewertung (siehe ab Seite 33). So verwandeln wir diffuse Ängste in realistisches Abwägen. Mit der folgenden Übung kommen Sie Ihren Ausweichreaktionen auf die Schliche. Allein sie sich bewusst zu machen ist schon ein großer Schritt in die richtige Richtung!

> *Das eben geschieht den Menschen, die in einem Irrgarten hastig werden: Gerade die Eile führt immer tiefer in die Irre.*
>
> LUCIUS ANNAEUS SENECA

ÜBUNG

WOCHENRÜCKSCHAU AUF IHRE ERFOLGE

•

Nehmen Sie sich zehn Minuten Zeit und versetzen Sie sich in verschiedene Situationen der letzten Woche hinein, in denen es jeweils um (kleine oder größere) Entscheidungen gegangen ist. Schreiben Sie stichpunktartig auf, welche Situationen dies waren. Teilen Sie sie dann auf in:
▸ Situationen, in denen Sie auftauchenden Impulsen oder verlockenden Reizen sofort gefolgt sind.
▸ Situationen, in denen Sie ganz bewusst Prioritäten gesetzt haben. In denen Sie auftauchende Impulse abgewehrt und stattdessen zugunsten Ihrer Prioritäten entschieden haben.
Fragen Sie sich dann zu allen dieser Situationen jeweils:
▸ Was war das Ergebnis?
▸ Was waren die Vorteile meiner Entscheidung?
▸ Was waren die Nachteile meiner Entscheidung?
▸ Wie zufrieden war ich mit dem Ergebnis meiner Entscheidung?
▸ Welche Gedanken zu dem Ganzen habe ich jetzt, mit etwas Abstand zu der Situation?

Nicht in jeder Situation ist impulsives Verhalten von Nachteil, und es geht auch nicht darum, ab jetzt nur noch Überlegung und Vernunft zum Maß aller Dinge zu machen oder sich für alles und jedes einen Plan zurechtzulegen. Änderungsbedarf besteht nur bei denjenigen Situationen, in denen die automatische Reaktion auf einen Reiz oder Impuls von Nachteil für Sie ist oder Sie in Schwierigkeiten bringt. Hier dann eine andere, überlegtere Wahl zu treffen führt zu besseren Ergebnissen. Oftmals hilft es schon, kurze Momente der Besinnung einzulegen, bevor Sie eine Entscheidung treffen.

Typische Situationen für einen schnellen Impuls-Check

Die folgenden Situationen kennen Sie so oder ähnlich bestimmt auch. Hier finden Sie ein paar Vorschläge dazu, wie Sie sich selbst Zeit geben können, den jeweiligen Impuls zu prüfen und eine Entscheidung zu treffen, mit der Sie anschließend zufrieden sind.

- Wenn Sie das nächste Mal aus einer Laune heraus eine Kaufentscheidung treffen wollen, weil Sie meinen, das Superschnäppchen gefunden zu haben, dann entscheiden Sie sich nicht sofort. Wechseln Sie erst einmal die Umgebung und denken Sie an diesem anderen Ort noch einmal darüber nach. Wenn das Ergebnis dann wiederum »Ja, will ich« lautet, hat die Entscheidung halbwegs Bestand. Hat Ihnen in diesen wenigen Minuten tatsächlich jemand das gute Stück weggeschnappt, so ziehen Sie erleichtert weiter: Immerhin haben Sie Geld und Grübeln gespart!
- Wenn Sie das nächste Mal merken, dass Sie gerade dabei sind, in eine ungesunde Hektik zu verfallen und alles auf einmal erledigen zu wollen, dann gehen Sie in den Waschraum (oder zu Hause ins Bad) und lassen Sie am Waschbecken kaltes Wasser über Ihre Handgelenke laufen. Trocknen Sie anschließend Ihre Hände sorgfältig ab, nehmen Sie am offenen Fenster noch ein paar tiefe Atemzüge und gehen Sie dann zu Ihrer aktuellen Aufgabe zurück.
- Wenn Sie das nächste Mal merken, dass Sie wieder drauf und dran sind, in vorauseilendem Gehorsam zu einem Ansinnen sofort Ja zu sagen, obwohl Sie das in große Zeitnöte bringen würde, dann sagen Sie demjenigen: »Ich denke mal darüber nach.« Mit etwas zeitlichem Abstand fallen Ihnen die richtigen Argumente und die richtigen Worte ein, mit denen Sie dem anderen sagen können, dass es Ihnen diesmal leider nicht möglich ist.

> »Horcht in euch hinein und betrachtet die Unendlichkeit des Raumes und der Zeit«
>
> PYTHAGORAS

Impulsives Handeln oder Bauchgefühl: Unterscheiden Sie!

Kopf oder Bauch, bewusst nachdenken oder der Intuition folgen: Beide Wege, sich zu entscheiden, haben Vor- und Nachteile. Bei komplexen Entscheidungen, wo viele Faktoren zu berücksichtigen und in Beziehung zueinander zu setzen sind, hat das sorgfältige Abwägen Vorrang, bei Entscheidungen, wo beteiligte Faktoren mehrdeutig oder nicht gänzlich bekannt sind, ist die Intuition überlegen oder kann zumindest das Zünglein an der Waage sein.

Nun könnte man ja denken, die Intuition, das »Bauchgefühl« sei so in etwa dasselbe, wie auftauchenden Impulsen einfach zu folgen. Dem ist jedoch nicht so: Impulsives Verhalten ist mit Angst und Abwehr verknüpft. Es orientiert sich also vorrangig an kurzfristiger Bedürfnisbefriedigung, während das, was wir unter »Bauchgefühl« eigentlich verstehen – die Intuition – lösungsorientiert ist und sich vorrangig auf unser psychisches Wohl bezieht, auch auf längere Sicht hin.

Das rationale Element der Entscheidung steht nicht unbedingt im Gegensatz zur Intuition, wohl aber im Gegensatz zur impulsiven Entscheidung. Es »bändigt« sozusagen den Impuls, um eine fundierte Entscheidung zu ermöglichen. Die Intuition hingegen kann von rationalen Erwägungen durchaus profitieren. Die wesentlichen Einflussfaktoren einer Entscheidung ermittelt zu haben unterstützt auch das unbewusste Abwägen. Nicht umsonst wurden viele große Entdeckungen der Wissenschaft scheinbar zufällig gemacht: In einem kreativen Geistesblitz fallen uns manchmal plötzlich Lösungen ein, wenn wir gerade nicht an das Problem denken, das wir zuvor so gründlich beleuchtet haben. »Der Zufall trifft nur einen vorbereiteten Geist«, formulierte der berühmte Chemiker und Mikrobiologe Louis Pasteur diesen Sachverhalt. Geben Sie Ihrer Intuition Zeit und Raum!

»Der Verstand kann uns sagen, was wir unterlassen sollen.
Aber das Herz kann uns sagen, was wir tun müssen.«

JOSEPH JOUBERT

7 KONZENTRATIONSFÄHIGKEIT STÄRKEN

Die Konzentrationsfähigkeit ist eine der wichtigsten kognitiven Fähigkeiten. Sie steht in direktem Zusammenhang damit, wie leistungsfähig unser Arbeitsgedächtnis ist. Dessen Aufgabe besteht darin, aktuelle Informationen aufzunehmen, zu verarbeiten und abzuspeichern und dabei irrelevante Reize außen vor zu lassen. Wer konzentriert bei der Sache ist, leistet deutlich mehr und qualitativ Höherwertiges als jemand, der sich leicht ablenken lässt.

Sich zu konzentrieren bedeutet immer auch, mentale Energie einzusetzen. Nach einer längeren Zeitspanne stetigen »Dranbleibens« an einer Aufgabe ist diese Energie in einem gewissen Maße aufgebraucht, unsere Konzentrationsfähigkeit lässt also nach und wir brauchen eine Pause, um wieder neue Energie zu schöpfen.

Wie lange sich jemand konzentrieren kann, ist individuell sehr unterschiedlich. Die Fähigkeit, sich dem, was gerade zu tun ist, voll und ganz zu widmen, ist von der psychischen, mentalen und körperlichen Verfassung abhängig, aber auch äußere Einflüsse spielen mit: vorrangig optische und akustische Reize.

Wer sich leicht ablenken lässt, tut sich schwer damit, über längere Zeit hinweg präsent zu bleiben und störende Reize konsequent auszublenden.

TRAINIEREN SIE, BEI DER SACHE ZU BLEIBEN

Das Konzentrationsvermögen lässt sich gut trainieren. Die Entspannungs- und Meditationsübungen in dem Abschnitt »Zeit, Raum und Stille« (siehe ab Seite 69) tragen bereits viel dazu bei, die Konzentrationsfähigkeit zu stärken. Darüber hinaus gibt es noch eine ganze Reihe von speziellen Trainingsmöglichkeiten, die sich einfach in den Alltag integrieren lassen.

> *»Alles hängt von der Intensität ab, die man auf eine Sache verwendet.«*
>
> GUSTAVE FLAUBERT

ÜBUNG

EINEN GEGENSTAND VOLL ERFASSEN

●

Diese Übung können Sie nicht nur im Büro oder zu Hause machen, sondern auch in Leerlaufzeiten wie beim Warten auf die U-Bahn oder den Bus oder im Wartezimmer der Arztpraxis. Nicht nur konzentrationsfördernd, sondern auch besonders entspannend wirkt die Übung draußen in der Natur, etwa beim Päuschen auf der Parkbank.

▸ Wählen Sie einen Gegenstand oder ein Objekt in Ihrer Umgebung aus wie ein Möbelstück, ein Gebäude, eine Hecke, einen Baum. Es kann auch etwas ganz Kleines sein wie zum Beispiel ein Türgriff.

▸ Beginnen Sie nun, Ihr ausgewähltes Objekt so vollständig wie möglich mit den Augen zu erfassen. Wenn Sie sich beispielsweise auf ein Regal konzentrieren, nehmen Sie wahr, aus welchem Material es besteht, wie es verarbeitet ist und welche Farbe es hat. Stellen Sie sich vor, es mit den Augen abzuscannen, alle seine Eigenheiten mit Ihrem Blick zu erfassen. Was befindet sich auf den einzelnen Regalbrettern? Akten? Bücher? DVDs? Betrachten Sie Gegenstand für Gegenstand, nehmen Sie seine Beschaffenheit ebenso bewusst wahr wie die des Regals selbst. Buchrücken ... Ordnerrücken ... einzelne Gegenstände ... Nehmen Sie auch leere Stellen im Regal bewusst wahr.

Variation: Wenn Sie das von Ihnen gewählte Objekt so intensiv wie möglich wahrgenommen haben, schließen Sie die Augen und versuchen Sie, das Bild des Gegenstands vor Ihrem inneren Auge so klar wie möglich »aufzurufen«. Machen Sie dann die Augen auf und betrachten Sie das Objekt von Neuem. Wiederholen Sie dies ein paarmal nacheinander.

Die vorangegangene Übung stärkt sowohl das Konzentrationsvermögen als auch die Vorstellungskraft. Wenn Sie eine Weile mit beliebigen Gegenständen gearbeitet haben, wählen Sie für Ihre umfassende Betrachtung Objekte, die Sie aus irgendeinem Grund interessant, attraktiv, anregend finden, und widmen Sie sich ihnen ganz – ob bei einem Museumsbesuch, im Park, auf einer Baustelle oder anderswo. Mit unserer Auswahl dessen, worauf wir unsere Aufmerksamkeit gebündelt richten, gestalten wir die Welt unserer Erfahrungen. Langfristig gesehen haben positive Erfahrungen, die wir machen, auch (positive) Auswirkungen auf die Synapsenbildung in unserem Gehirn und somit auf Kreativität, Flexibilität, Aufmerksamkeit und vieles mehr.

Die folgende Übung verlagert das Ganze auf die kognitive Ebene. Sie schult also neben dem Konzentrationsvermögen auch das zielgerichtete Denken. Darüber hinaus trainiert sie Ihr Gedächtnis und Ihre Auffassungsgabe.

ÜBUNG

LESEN UND ERINNERN

Wenn Sie das nächste Mal ein Buch oder eine Zeitung zur Hand nehmen, probieren Sie doch einmal Folgendes:
▸ Lesen Sie zwei Seiten dieses Buches oder auch einen Zeitungs- oder Zeitschriftenartikel bewusst und ohne Ablenkung durch und klappen Sie Buch oder Zeitung danach zu.
▸ Denken Sie nun über das Gelesene nach und versuchen Sie, den Inhalt so genau wie möglich wiederzugeben, wenn Sie mögen auch für einen gespannten Zuhörer.
▸ Formulieren Sie, was aus Ihrer Sicht das Wichtigste oder die Quintessenz aus den gelesenen Seiten ist.

ZENTRIEREN SIE SICH

Wenn Ihnen, während Sie mit einer Aufgabe beschäftigt sind, plötzlich etwas »total Wichtiges« oder »ungemein Interessantes« einfällt, das Sie nun ganz dringend sofort in die Hand nehmen müssen, schieben Sie das Betreffende vielleicht einfach dazwischen. Doch nur die wenigsten dieser plötzlichen Einfälle sind tatsächlich so unabweisbar und eilig, dass es angesagt ist, sofort aktiv zu werden. Die überwiegende Zahl dieser impulsiven Eingebungen bezieht sich auf Dinge, die durchaus warten können. Abgesehen davon, dass die meisten dieser Schnell-schnell-Aktionen meist länger dauern als vorher eingeschätzt, unterbrechen und stören Sie dadurch Ihren Arbeitsfluss und verschwenden damit auch Zeit und Energie. Wenn Sie das ändern möchten, unterstützt Sie die nachfolgende Übung dabei, sich ganz auf Ihre aktuellen Aufgaben zu konzentrieren. Die Übung unterstützt Sie dabei, sich besser auf jede einzelne Ihrer Aufgaben zu fokussieren. Ganz nebenbei trainieren Sie damit auch Willenskraft und Durchhaltevermögen und schulen Ihre Achtsamkeit.

ÜBUNG
IMPULSEN WIDERSTEHEN
•

▸ Legen Sie Papier und Bleistift neben der Aufgabe, mit der Sie gerade intensiv beschäftigt sind, auf Ihren Arbeitstisch.
▸ Jedes Mal, wenn Sie bemerken, dass Ihnen ein Unterbrechungsimpuls in den Sinn kommt, malen Sie einen kleinen Kreis auf das Papier – nur diesen Kreis, Sie brauchen nicht zu beschreiben, worum es sich bei dem Impuls handelt.
▸ Wenn Sie es schaffen, dem Impuls zu widerstehen und weiterzuarbeiten, dann malen Sie ein Häkchen in den Kreis.
▸ Vereinbaren Sie mit sich selbst eine kleine Belohnung fürs Standhaftbleiben. Was werden Sie sich Gutes gönnen, wenn es Ihnen gelingt, pro Tag nicht mehr als dreimal blindlings einem Unterbrechungsimpuls zu folgen?

Gut Ding kann warten
Tatsächlicher oder gefühlter Zeitdruck raubt uns Aufmerksamkeit und Konzentration gerade dann, wenn beides besonders notwendig wäre. Wenn wir befürchten, eine Arbeit nicht rechtzeitig fertigzustellen oder zu einem vereinbarten Termin zu spät zu kommen, dann neigen wir dazu, uns nicht mehr auf das zu konzentrieren, was jetzt im Vordergrund steht, sondern fiebrig hin und her zu hasten – und damit meist mehr Zeit zu »verbraten«, als wenn wir besonnen vorgehen würden.

Verschachteln Sie nicht verschiedene Aufgaben ineinander, um Leerzeiten möglichst effektiv zu nutzen. Wenn Sie sich beispielsweise auf einen Termin vorbereiten, der in einer halben Stunde stattfindet, fangen Sie nichts Neues an, das Sie nicht gut in dieser Zeit schaffen.

Wenn es absehbar ist, dass die andere Aufgabe in dieser Zeitspanne nur unter Druck hinzubekommen ist, kommen Sie entweder gehetzt und völlig aus dem Konzept zum Termin oder Sie müssen die zwischengeschaltete Aufgabe unterbrechen und sich später erneut in sie hineindenken. Im schlechtesten Fall laufen Sie Gefahr, sich zu verspäten oder den Termin ganz zu versäumen.

Ersparen Sie sich diesen unnützen Stress. Verbringen Sie die verbleibende Zeit bis zu Ihrem Termin lieber damit, sich zu entspannen, Ihre Kopfhaut und Ihren Nacken zu massieren, eine Mini-Auszeit (siehe Seite 67) einzulegen oder sich etwas Bewegung zu verschaffen. So erscheinen Sie zur vereinbarten Zeit ruhig, konzentriert und gelassen.

Unter Stress neigen wir zu impulsiven Handlungen, zum uneffektiven Multitasking und auch dazu, unbedachte Zusagen zu machen. Achten Sie darauf, sorgsam mit Ihrer Zeit umzugehen und Ihre Tagesagenda nicht auf Kante zu nähen. Planen Sie stattdessen genügend Puffer ein und lassen Sie nur so viele Vorhaben auf Ihre Liste, wie Sie erfahrungsgemäß auch bewältigen können.

»Man sollte nie so viel zu tun haben, dass man zum Nachdenken keine Zeit mehr hat.«

GEORG CHRISTOPH LICHTENBERG

WAS BEI STRESS IM KÖRPER PASSIERT

Die Stressreaktion ist in der Menschheitsgeschichte ein echter Dauerbrenner. Seit Urzeiten bis in unsere heutige moderne Zeit hinein versetzt sie uns körperlich und mental in die Lage, in Gefahrensituationen blitzschnell zu handeln, um unser Überleben zu sichern, sei es durch Kampf oder Flucht. Dafür werden die Muskeln mit mehr Sauerstoff und Nährstoffen versorgt, das Herz schlägt schneller, die Atmung wird effektiver. Hormone wie Adrenalin und Cortisol verstärken diese Reaktionen. Im Moment weniger wichtige Funktionen werden dagegen gedrosselt: Verdauung, Stoffwechsel und Immunsystem etwa laufen auf Sparflamme. Unser Blickfeld verengt sich, im übertragenen wie im Wortsinne: Wir nehmen nur noch wahr, was für unser Überleben entscheidend ist.

Nun, wo ist das Problem? Es liegt darin, dass wir heute meist nicht mehr einer zähnefletschenden Bedrohung für Leib und Leben ausgesetzt sind, sondern nur der unerbittlichen Uhr, dem schlecht gelaunten Chef, den Papierstapeln, Pieps- und Klingeltönen. Während beim Davonlaufen oder Kämpfen die Flut der Stresshormone wieder abgebaut wurde, haben wir heute wenig Möglichkeiten, in Stresssituationen durch Bewegung wieder runterzukommen, und verharren dauerhaft im oben beschriebenen Stressmodus, der Kreativität und Weitblick ausschließt. Deshalb ist es wichtig, sich bewusst zu machen: Das Wenigste von dem, was unsere Urzeitreaktion als lebensbedrohlich einstuft, ist es tatsächlich. Weder die fünf Minuten Verspätung noch das Blinklicht des Anrufbeantworters.

Im Gespräch ganz dabei sein
Konzentriert zuhören ist die Basis guter Kommunikation, beruflich wie privat. Achten Sie in Ihren nächsten Gesprächen einmal darauf, ob Sie Ihrem Gegenüber tatsächlich Ihre volle Aufmerksamkeit schenken oder ob Sie nur so tun als ob und dabei mit Ihren Gedanken ganz woanders sind.

Führen Sie kein Gespräch, ohne wirklich bei der Sache zu sein. Es bringt weder Ihnen selbst noch Ihrem Gegenüber etwas, wenn Sie nur halb zuhören. Gute Kommunikation setzt die Bereitschaft voraus, ganz bei der Sache zu sein.

Die folgende Übung regt zum guten Zuhören an und ist zudem ausgesprochen angenehm und entspannend. Danach tun Sie sich gleich leichter damit, in einem Gespräch die Konzentration aufrechtzuerhalten und dem gedanklichen Abschweifen zu widerstehen.

ÜBUNG

DIE OHRENMASSAGE

Um die Konzentration für ein bevorstehendes Gespräch zu steigern, hilft oft eine Ohrenmassage, die Körper und Geist vitalisiert. Da es gerade auf den Ohren viele Reflexzonen gibt, können Sie mit dieser Massage Ihren ganzen Organismus anregen. Und so geht's:

▸ Nehmen Sie Ihre Ohrmuscheln zwischen Zeigefinger und Daumen und reiben Sie sie intensiv.

▸ Arbeiten Sie sich von der Ohrmuschel zum Ohrläppchen vor und walken Sie alles gut durch.

▸ Massieren Sie dann mit dem Zeigefinger kreisend rund um die Öffnung zum Gehörgang.

▸ Streichen Sie von oben nach unten außen an der Ohrwölbung entlang.

▸ Schütteln Sie abschließend Ihre Hände leicht aus.

Wenn Ihnen auffällt, dass Sie bei einem Gespräch deshalb unkonzentriert sind, weil das Thema für Sie uninteressant oder langweilig ist oder Sie den Inhalt für unwichtig halten, dann kürzen Sie es bewusst ab, denn sonst gehen wertvolle Zeit und auch Energie verloren.
Handelt es sich jedoch um ein wichtiges Gespräch und es gelingt Ihnen trotzdem nicht, sich darauf zu konzentrieren (vielleicht weil Ihnen zu viel Verschiedenes im Kopf herumgeht oder Sie einfach in einer schlechten Tagesform sind), dann verschieben Sie das Gespräch besser auf einen anderen Zeitpunkt, wo Sie ganz präsent sein können. Natürlich ist das nicht in jedem Fall möglich, etwa wenn der Chef zum Gespräch bittet oder der Gesprächspartner sich nur für kurze Zeit in Ihrer Stadt aufhält. Für solche Situationen kann die Übung rechts auf längere Sicht hilfreich sein, die folgenden Tipps sofort:

- Notieren Sie sich auf einem Blatt Papier den Anlass und die Ziele des bevorstehenden Gesprächs, um sich seine Wichtigkeit präsent zu machen.
- Wenn noch Zeit ist, gehen Sie vorher noch kurz an die frische Luft.
- Nehmen Sie ein paar tiefe, bewusste Atemzüge. Wenn niemand in der Nähe ist, können Sie dabei mit einem hörbaren »aaahh« ausatmen.

ÜBUNG
AUFMERKSAM BLEIBEN

Machen Sie diese Übung öfter einmal mit dem Partner, einer Freundin oder einer ebenfalls interessierten Kollegin:

▸ Setzen Sie sich einander gegenüber. Einer erzählt nun dem anderen irgendetwas Belangloses in wenigen Sätzen (keine heiklen Themen verwenden!), etwa von der U-Bahn-Fahrt am Morgen.

▸ Der andere wiederholt in eigenen Worten möglichst vollständig die Erzählung: »Du sagst, dass …«

▸ Das Gegenüber gibt eine Rückmeldung, ob alles korrekt wiedergegeben wurde.

▸ Danach die Rollen tauschen.

ÜBEN SIE SICH IM JONGLIEREN!

Es gibt wenig, was sich so gut für kurze Pausen von der Kopfarbeit eignet wie Jonglieren! Hier ist nicht im übertragenen Sinne das Jonglieren mit mehreren Aufgaben, das Multitasking, gemeint. Nein, Sie sind eingeladen, drei echte Bälle in der Luft zu halten! Dafür ist es notwendig, dass Sie ganz bei der Sache sind, da die Bälle sonst zu Boden fallen.

Ganz bei der Sache sein

Jonglieren heißt: im Hier und Jetzt sein, dem eigenen Rhythmus folgen, eins mit der Bewegung werden. Es schult die Konzentrationsfähigkeit ebenso wie die Fähigkeit zum schnellen Reagieren, das räumliche Vorstellungsvermögen, das Gefühl für Zeit, Rhythmus und Gleichgewicht. Es fördert intensiv die Zusammenarbeit von rechter und linker Gehirnhälfte und hilft so, Gefühle und rationales Denken zu verbinden. Forscher der Universität Regensburg beobachteten 2004 im Rahmen einer Studie, dass bei Probanden, die regelmäßig Jonglieren übten, in der entsprechenden Gehirnregion die Dichte der Nervenzellen deutlich zunahm.

Nicht zuletzt regt Jonglieren den Kreislauf sanft an und sorgt dafür, dass Körper und Gehirn besser mit Sauerstoff versorgt werden und das Glückshormon Dopamin ausgeschüttet wird. Bereits drei Minuten helfen, sich zu entspannen, Stress loszulassen und sich hinterher wieder besser auf anstehende Aufgaben fokussieren zu können.

Eins, zwei, drei, das ist nicht schwer!

Fast überall kann trainiert werden, auch in eher niedrigen Räumen. Die Bälle erhalten Sie günstig im Spielwarengeschäft. Wenn Sie sich das Üben mit den Bällen noch nicht zutrauen, probieren Sie es zunächst mit bunten Jongliertüchern. Diese fallen viel langsamer, sodass Sie, gerade wenn Sie Probleme haben, sich gut zu konzentrieren, noch entspannter an die Sache herangehen können und schon mal den Bewegungsablauf kennenlernen.

Was zählt, ist nicht, wie perfekt Sie beim Jonglieren werden, sondern dass Sie einen guten eigenen Rhythmus für sich finden und es Ihnen – beim Jonglieren und auch sonst – immer besser gelingt, bei einer Sache zu bleiben.

ÜBUNG
JONGLIEREN MIT EIN BIS DREI BÄLLEN

•

Wichtig ist, das Spiel mit den Bällen in aufeinanderfolgenden Schritten zu erlernen. Erst ein Ball, dann zwei Bälle, dann drei Bälle!

▶ Ein Ball: Halten Sie Ihre Hände etwa schulterbreit auseinander in einem rechten Winkel vor dem Körper. In der einen Hand halten Sie einen Ball, den Sie nun von der rechten in die linke Hand werfen, die Flughöhe etwa auf Stirnhöhe. Nun werfen Sie den Ball wieder zurück in die rechte Hand und so weiter, bis Sie etwas Sicherheit darin haben. Ganz einfach, oder?

▶ Zwei Bälle: Nun werden schon beide Gehirnhälften angesprochen. Halten Sie einen Ball in jeder Hand. Werfen Sie zunächst den Ball in Ihrer Schreibhand hoch. Sobald er seinen Bogenhochpunkt erreicht hat, werfen Sie den zweiten Ball los und fangen den ersten Ball, dann den zweiten. Es braucht etwas Gefühl und Übung, damit die Bälle nicht in der Luft zusammenstoßen. Und weiter geht's! Achten Sie darauf, möglichst nur die Unterarme zu bewegen. Sobald Sie den Eindruck haben, dass das Jonglieren mit zwei Bällen »sitzt«, kommt der dritte ins Spiel.

▶ Drei Bälle: Nun halten Sie in Ihrer Schreibhand zwei und in der anderen Hand einen Ball. Werfen Sie als Erstes den, der vorn auf der Hand liegt. Der zweite Ball rutscht dann nach vorn. Befindet der geworfene Ball sich auf dem Hochpunkt der Flugbahn, werfen Sie den Ball aus der anderen Hand los. Ist der oben, folgt der andere Ball aus der Schreibhand ... Sie haben also mit Werfen und gleichzeitigem Fangen ganz schön zu tun! Ärgern Sie sich nicht, wenn Sie die Bälle viele Male vom Boden aufheben müssen. Bleiben Sie dran, bis es früher oder später »klick« macht – ein toller Moment!

GELASSENHEIT ALS LEBENSSTIL

◆

So könnte es ewig weitergehen? Im letzten Kapitel erhalten Sie einen Ausblick, wie Sie Stolperfallen umgehen und das Erreichte bewahren können.

BEWAHREN SIE IHRE INNERE UNABHÄNGIGKEIT

Sie haben im Verlauf dieses Buches eine ganze Reihe von Anregungen und Übungen kennengelernt, mit deren Hilfe Sie sich lösen können …
- … vom impulsiven Zugreifen,
- … vom reflexhaften Unterordnen unter die Erwartungen anderer,
- … vom Ehrgeiz, ständig mehrere Aufgaben gleichzeitig zu stemmen.

Wahrscheinlich war das eine oder andere »Aha-Erlebnis« für Sie dabei, denn im täglichen Schnell-Schnell denken wir gewöhnlich, dass alles genau so sein muss, wie es nun einmal ist. Doch Veränderung ist möglich und jeder kleine Schritt führt dabei Richtung Ziel! Je mehr kleine Veränderungsschritte Sie machen, desto mehr Achtsamkeit, Gelassenheit und Selbstbestimmung gewinnen Sie. Das hilft Ihnen, dabeizubleiben und auch eventuell anstehende größere Schritte zu tun.

VORSICHT, RÜCKWÄRTSGANG!

Trotz aller Erfolgserlebnisse und Fortschritte ist es im Alltag manchmal gar nicht so einfach, bei der Stange zu bleiben und nicht in alte Gewohnheiten zurückzufallen. Besonders wenn wir uns langfristige Ziele gesetzt haben, verlieren wir sie im hektischen Arbeitsalltag manchmal leicht aus den Augen.

Dieses Kapitel will Sie dabei begleiten und unterstützen, auf dem eingeschlagenen Weg zu bleiben und sich auch auf längere Sicht die wiedergewonnene innere Ruhe zu bewahren. Drei Aspekte sind dabei besonders wichtig:
- wissen, wo Sie hinwollen,
- die Kunst des (Er-)Wartenkönnens verinnerlichen,
- den eigenen Rhythmus bewahren – auch in stressreichen Zeiten.

»HIN ZU« STATT »WEG VON«

Der Auslöser für eine Veränderung, der entscheidende Schritt in die richtige Richtung ist häufig, dass wir es einfach satthaben, so weiterzumachen wie bisher. Uns ist klar geworden, dass wir die Konsequenzen unserer Verhaltensweisen nicht länger ertragen wollen. Die Nachteile haben sich als größer erwiesen als die Vorteile.

Oft hilft ein Schlüsselerlebnis, etwa Urlaubsfotos von Freunden, die ein glückliches Miteinander zeigen: Wegen der ständigen kleinen Einkäufe übers Internet hatten Sie vielleicht bisher nur selten genügend Erspartes für einen solchen Urlaub. Oder es kriselt heftig in der Partnerschaft: weil Sie kaum einmal den Kopf frei haben für schöne gemeinsame Unternehmungen.

Beherzt gehen Sie also daran, die Änderungen umzusetzen, die Sie als sinnvoll erkannt haben, sind zuversichtlich und voller Elan. Sie wollen jetzt endlich Nägel mit Köpfen machen und sich von belastenden Gewohnheiten befreien.

Das Verhängnisvolle an einer solchen »Weg-von«-Motivation ist, dass sie sich sofort abschwächt, wenn die Lage nur ein klein wenig komfortabler geworden ist. Wenn sich die Lage auf dem Konto entspannt, sodass das Schnäppchenjagen vorübergehend kein Problem mehr zu sein scheint. Wenn zufällig ein paar Tage lang keiner mit zeit- und energiefressenden Ansinnen an uns herangetreten ist. Wenn wir es tatsächlich geschafft haben, einige Tage auf das extreme Multitasking zu verzichten.

Ziele finden und im Blick behalten

Gerade wenn also ein wenig Ruhe auf der Baustelle eingetreten ist, passiert es leicht, dass wir Stück für Stück wieder in die gewohnten Verhaltensweisen zurückrutschen: »Ist ja nur für diesmal«, »Diese Gelegenheit kommt ganz bestimmt nicht wieder, deshalb greife ich ausnahmsweise zu«. Auf die erste Ausnahme folgt die zweite, die dritte … und schon ist alles wieder so, wie es war. Nur dass sich das schlechte Gewissen bemerkbar macht, denn nun weiß man ja, dass es anders auch geht – und das, langfristig betrachtet, mit besseren Resultaten.

Zu der Motivation, etwas so, wie es ist, nicht mehr haben zu wollen, muss also noch eine zweite Kraft kommen, die uns hilft, bei der Stange zu bleiben. Das ist gerade auch dann wichtig, wenn

> »Der Langsamste, der sein Ziel nicht aus den Augen verliert, geht noch immer geschwinder als jener, der ohne Ziel umherirrt.«
>
> GOTTHOLD EPHRAIM LESSING

nicht jeder Schritt auf dem neuen Weg gleich positive Resultate bringt, und hilft Ihnen auch dann über Durststrecken hinweg, wenn Sie manche Phasen der Umgewöhnung als anstrengend erleben: Sie brauchen eine konkrete Vorstellung davon, was Sie wollen, was sich positiv verändern wird, wenn Sie mehr Ruhe und Gelassenheit in Ihren Alltag bringen. Je deutlicher Sie dieses Zielbild vor Augen haben und je attraktiver es Ihnen erscheint, desto besser. Um herauszufinden, was Ihnen an der angestrebten Veränderung besonders wichtig ist, helfen Ihnen die Fragen in der folgenden Übung.

ÜBUNG

EIN ZIELBILD ENTWERFEN

Nehmen Sie sich eine Viertelstunde bis eine halbe Stunde Zeit, legen Sie etwas zum Schreiben bereit und entspannen Sie sich kurz. Reisen Sie gedanklich in die Zukunft: Stellen Sie sich vor, wie es sein wird, wenn Sie deutlich mehr Ruhe, Gelassenheit und Selbstbestimmung in Ihrem Alltag erleben. Wenn Sie sich in den für Sie kritischen Situationen so verhalten, wie Sie es gerne würden. Haben Sie Ihr Zukunftsbild klar vor Augen, beantworten Sie sich diese Fragen und machen Sie sich dazu Notizen:

▶ Was genau ist anders als vorher?
▶ Welche Veränderungen gab es, welchen ersten, zweiten, dritten … Schritt habe ich getan, damit es so wurde?
▶ Wie fühle ich mich jetzt, in meiner Zukunft? Wie erlebe ich mich?
▶ Welche meiner Bedürfnisse werden jetzt erfüllt? Etwa: mehr Selbstbestimmung, Souveränität, finanzielle Sicherheit, Selbstwertgefühl?
▶ Worauf müsste ich verzichten, damit mein Zielbild Wirklichkeit wird? Bin ich bereit dazu? Wie könnte ich mir diesen Verzicht leichter machen?

Lassen Sie die Übung noch etwas auf sich wirken. Wenn Sie anschließend auf einer Skala von 1 bis 10 (1 = ganz wenig motiviert, 10 = motiviert bis in die Haarspitzen) einschätzen wollten, wie stark Ihr Zielbild Sie zum Handeln motiviert, welchen Wert würden Sie ganz spontan vergeben?

Wenn Ihr Wert über 7 liegt: wunderbar! Je höher der spontan genannte Wert auf der Skala ist, desto lockender erscheint Ihnen Ihr Ziel und desto mehr sind Sie bereit zu tun, um Ihr Denken und Verhalten dementsprechend zu verändern. Liegt Ihr Wert bei 7 oder darunter, motiviert Ihr Zielbild Sie nicht genug. Es ist anzunehmen, dass zum Beispiel das Bedürfnis nach Ruhe und Gelassenheit für Sie nicht über die nötige Strahlkraft verfügt oder dass damit unterschwellige Befürchtungen verbunden sind. Hier lohnt es sich, Ihr vorgestelltes Zielbild noch einmal auf Unstimmigkeiten hin zu betrachten und auch Ihre Antworten auf die Fragen noch einmal genau durchzugehen und das Zielbild so zu verändern, dass es stimmig für Sie ist und Ihnen verlockend erscheint. Auch die folgende Liste hilft dabei.

> *Sobald der Geist auf ein Ziel gerichtet ist, kommt ihm vieles entgegen.*
>
> JOHANN WOLFGANG VON GOETHE

Damit Ihr Zielbild Sie wirklich motiviert, sollte es die folgenden Eigenschaften aufweisen:

- Es sollte erreichbar sein. Zu anspruchsvolle Ziele sorgen für Frust.
- Es sollte für Sie persönlich eine große Bedeutung haben.
- Sie sollten Ihr Ziel aus eigener Kraft erreichen können. Sonst besteht die Gefahr, dass andere, ohne Böses zu wollen, Ihre Pläne durchkreuzen.
- Ihr Zielbild sollte klar und deutlich sein. Malen Sie es sich im Detail aus.
- Ihr Ziel sollte nur das über Bord werfen, was Sie loswerden wollen. Ein positives Ziel braucht also kein »Ganz oder gar nicht«, sondern es soll Ihnen auch helfen, sich an schönen Dingen oder Gewohnheiten wieder zu freuen.
- Das Erreichen Ihres Zieles sollte messbar sein: Woran werden Sie merken, dass Sie es erreicht haben?

Noch etwas Mut gefällig?

Zaudern Sie noch, obwohl Ihr Zielbild offenbar passend gewählt ist? Dann kann das daran liegen, dass Sie Zweifel an den eigenen Fähigkeiten haben, eine wirkliche Veränderung und Verbesserung erreichen zu können.

In diesem Fall hilft es, Antworten auf die vier Fragen in der folgenden Übung zu finden. Sie öffnen Ihnen Türen zu praktischen Lösungsmöglichkeiten.

Wenn Sie über diese Fragen sinnieren, dann werden Sie auch immer wieder daran denken, dass es unter Umständen schwierig werden könnte, eingefleischte Denkmuster und Verhaltensweisen zu verändern. Jedoch bewegen Sie sich schon durch die Beschäftigung mit den Fragen zumindest gedanklich in die Richtung von möglichen Lösungen. Denn wenn Ihre Gedanken mehr um Lösungen als um Schwierigkeiten kreisen, fühlen Sie sich ermutigt und in Ihrer Handlungsfähigkeit gestärkt. Seien Sie zuversichtlich: Ein Ziel zu definieren birgt einen Zauber des Neuen in sich, eine Kraft, die Sie über viele Hürden tragen kann.

ÜBUNG

IN KLEINEN SCHRITTEN ZUR LÖSUNG

•

Beantworten Sie sich folgende Fragen und schreiben Sie Ihre Antworten auf.

▸ Was würde es mir ermöglichen, mein Zukunftsbild Wirklichkeit werden zu lassen?

▸ Was brauche ich ganz konkret dazu, um meinem Ziel näher zu kommen?

▸ Wer und was könnte mich dabei unterstützen?

▸ Was könnte ein erster kleiner Schritt sein, um mein Vorhaben in die Tat umzusetzen?

▸ Welche von den Punkten auf meiner Liste will ich wann in Angriff nehmen?

DIE KUNST DES (ER-)WARTENKÖNNENS

Schnäppchenjagd, Multitasking und der vorauseilende Gehorsam haben vieles gemeinsam. Der Aspekt, der bei allen drei Verhaltensweisen ganz besonders im Vordergrund steht, ist die Ungeduld – der innere Zwang, jetzt sofort reagieren zu müssen.

Indem Sie sich mit den sieben Ansatzpunkten zu mehr Ruhe und Gelassenheit beschäftigt haben und vielleicht auch schon die eine oder andere Erkenntnis in Ihrem Alltag umgesetzt haben, haben Sie schon viel dafür getan, den Automatismus des vorschnellen Handelns loszulassen.

Mag es anfangs noch mühsam und anstrengend erscheinen, sich im Zaum zu halten, statt sich von zufällig daherkommenden Impulsen steuern zu lassen, so lohnt es sich doch, bei der Stange zu bleiben. Wenn Sie in Ihrem Leben oder an Ihrem Verhalten etwas ändern möchten, brauchen Sie Geduld. Es ist ganz ähnlich, als würde jemand Untrainiertes mit Krafttraining anfangen: Am Anfang kann das recht frustrierend sein, doch je mehr sich schwaches in festes Fleisch verwandelt, desto leichter und selbstverständlicher wird das Training und desto mehr Spaß macht es. Ähnliches gilt auch fürs Abbauen von Ungeduld, Anspannung und Hektik – zugunsten von Souveränität, innerer Ruhe und Gelassenheit. Wenn Sie konsequent üben, entwickeln Sie allmählich einen längeren Atem und reagieren immer weniger wie auf Knopfdruck. Sie nehmen sich die Zeit, bewusste Entscheidungen zu treffen – und genießen es, selbstbestimmt zu entscheiden.

Je mehr es Ihnen zur Gewohnheit wird, gelassen an Informationen, Aufgaben, Kaufanreize und andere Herausforderungen heranzugehen, desto öfter sind Sie gerade dann, wenn es um Sie herum hektisch und schwierig wird, klar im Vorteil. Denn Sie lassen sich dann nicht so schnell unter Druck setzen oder zu impulsiven Zusagen verleiten. Geduld zu üben hilft Ihnen, sich durch Rückfälle nicht entmutigen zu lassen.

> *»Wer Geduld sagt, sagt Mut, Ausdauer, Kraft.«*
>
> MARIE VON EBNER-ESCHENBACH

ÜBUNG

AUSLÖSEREIZE ENTSCHÄRFEN (1)

●

Nehmen Sie sich zehn Minuten Zeit und halten Sie Stift und Papier bereit. Rufen Sie sich die Auslösereize ins Bewusstsein, durch die Sie sich gewöhnlich leicht aus der Ruhe bringen lassen. Ob es nun ein angewachsener Aktenstapel auf dem Schreibtisch ist, der dazu einlädt, ihn mittels Multitasking schneller in den Griff zu bekommen, die schlechte Laune des Chefs, die Sie zum Jasagen drängt, wo es Ihnen eigentlich zu viel wird, oder die schicke Hülle für Ihren Tablet-PC, die es »nur noch heute« gibt und die Ihre Hand auf der Maus sofort zum Bestellbutton treiben will: Schreiben Sie alles auf, was Ihnen an Auslösereizen in den Sinn kommt. Notieren Sie dabei insbesondere auch scheinbar unbedeutende Situationen, in denen Ungeduld Sie vorschnelle Entscheidungen treffen lässt, dem Automatismus folgend: »Immer wenn …, dann …«

Gerade die vermeintlich unbedeutenden Reiz-Reaktions-Kopplungen eignen sich sehr gut, um ins Auslöser-Entschärfungstraining einzusteigen. Lassen Sie jede dieser Situationen vor Ihrem inneren Auge wie einen Film vorüberziehen und machen Sie sich anhand folgender Fragen Notizen dazu.

▸ Was gibt den Impuls?
▸ Wie verhalte ich mich?
▸ Was genau tue ich?
▸ Wie reagieren die anderen an der Situation beteiligten Personen auf mein Verhalten?
▸ Was spüre ich körperlich?
▸ Zeigen sich Ungeduld und Anspannung? Wo am deutlichsten?
▸ Wie fühle ich mich, wenn ich dem Auslöser wieder mal automatisch nachgegeben habe? Fühle ich Ärger? Bin ich traurig darüber?
▸ Bagatellisiere ich das Geschehen oder versuche ich es auszublenden?

Werden Sie zum aufmerksamen Beobachter

Lassen Sie das, was Sie nun mithilfe von Teil 1 der Übung herausgefunden haben, erst einmal so stehen und bewerten Sie es nicht. Was Sie bei der Übung über sich selbst und über Ihre Verhaltensweisen in den einschlägigen Situationen erfahren haben, wirkt in jedem Fall unbewusst nach. Beobachten Sie nun einfach ein paar Tage lang im Alltag weiter Ihr Verhalten. Wann geraten Sie in Situationen, in denen die wohlbekannten Auslösereize auftauchen, die Sie in diesem Teil der Übung identifiziert haben? Wenn Ihnen noch weitere, ebenfalls für Sie typische Reiz-Reaktion-Kopplungen auffallen, notieren Sie sich auch diese.

Genießen Sie jeden Ihrer Erfolge

Sobald Sie während dieser Beobachtungsphase erleben, dass Sie bereits während des Ablaufs von Reiz beziehungsweise Impuls und automatisierter Reaktion innehalten und registrieren, was Sie gerade zu tun im Begriff sind, dann beglückwünschen Sie sich! Sie haben den zuvor meist unbewusst ablaufenden Prozess in Ihr Bewusstsein gehoben. Damit haben Sie eine Bewertung als Zwischenschritt zugeschaltet (siehe auch ab Seite 33). Auf dieser Grundlage können Sie nun immer häufiger entscheiden, ob Sie dem Automatismus weiter folgen oder stattdessen etwas anderes tun wollen.

Mithilfe von diesem Teil der Übung machen Sie sich bewusster, wie vielschichtig die Zusammenhänge zwischen einem Auslöser und Ihrer darauf folgenden Reaktion beschaffen sind. Sie sehen auf diese Weise viel direkter und deutlicher, welche Folgen Ungeduld und Impulsivität in Ihrem Denken, Fühlen und Verhalten haben.

Anschließend nehmen Sie sich Teil 2 der Übung vor.

> »Nicht alles, was Genuss bereitet, ist auch wohltuend, aber alles, was wohltuend ist, bereitet auch Genuss.«
>
> PYTHAGORAS VON SAMOS

ÜBUNG

AUSLÖSEREIZE ENTSCHÄRFEN (2)

▸ Konzentrieren Sie sich nun in Ihrer Vorstellung auf eine der Situationen, in denen Sie bisher gewöhnlich dem typischen Mechanismus von Auslöser und Reaktion gefolgt sind. Das kann beispielsweise eine jener Situationen sein, in denen Sie spät dran sind und beim Blick auf die Uhr in Versuchung geraten, panisch alles auf einmal in den Griff zu bekommen – noch schnell zumindest die dringlichsten E-Mails zu beantworten, gleichzeitig auch Ihre Unterlagen für den nahenden Termin zusammenzukriegen und parallel dazu noch Telefonate zu führen. Um alles halbwegs zu überstehen, fällt Ihnen außerdem vielleicht noch ein, dass Sie schnell einen kleinen Happen essen und einen Schluck trinken sollten … Malen Sie sich die Situation bis ins Detail aus, sodass Sie sich fast genauso fühlen, als würden Sie all das gerade tatsächlich erleben.

▸ Führen Sie sich dann vor Augen, wie Sie anders handeln könnten – etwa indem Sie für die Zeit, die Ihnen bis zum Aufbrechen bleibt, Ihre Aufgaben nach Wichtigkeit sortieren (siehe dazu auch »Die Kunst, Prioritäten zu setzen« ab Seite 18). Führen Sie die einzelnen Tätigkeiten konzentriert nacheinander durch. Stellen Sie sich die Situation wieder so plastisch wie möglich vor: der Blick auf die Uhr (Auslöser) und dann statt des hektischen »Alles auf einmal«-Modus das selbstbestimmte, konzentrierte Nacheinander. Beispielsweise …

▸ erst die Vorbereitung für den Termin,
▸ dann das wichtigste der Telefonate
▸ und wenn dann noch Zeit ist, etwa die wichtigste der Mails oder ein weiteres Telefonat.

Erleben Sie in Ihrer Vorstellung vor allem, wie Sie das tun: konzentriert, entspannt und gelassen.

- Sehen Sie in Ihrem inneren Film, wie Sie dann aufstehen, die vorbereiteten Unterlagen an sich nehmen und sich auf den Weg zu Ihrem Termin machen. Ohne Stress und Hektik, ganz ruhig und souverän.
- Verlassen Sie anschließend die Welt Ihrer Vorstellungen und seien Sie wieder präsent im Hier und Jetzt. Nun geht es darum, dass Sie für das in Ihrer Vorstellung Erlebte und Erkannte einen Anker in der Gegenwart finden. Überlegen Sie, welches Symbol zu Ihrer gewünschten Haltung passen könnte. Es sollte etwas sein, worauf Ihr Blick sich in Ihrem Alltag öfter einmal richten kann, zum Beispiel ein schöner Gegenstand im Regal, eine bestimmte Pflanze auf dem Fensterbrett oder ein Halbedelstein auf Ihrem Schreibtisch. Der gewählte Bezugspunkt soll Sie in ganz realen Situationen daran erinnern, dass Sie in den Lebenslagen, in denen Sie bisher automatisch reagiert haben, tatsächlich wählen können. Sie müssen also gar nicht multitasken, Sie müssen nicht wie unter Zwang unnötige Sachen kaufen oder gegen Ihre eigenen Interessen handeln, indem Sie die Vorstellungen anderer zu Ihren eigenen machen. Vergegenwärtigen Sie sich dies mehrmals am Tag, jedes Mal, wenn Ihr Blick auf das Symbol fällt, und auch darüber hinaus: Sie können und dürfen anders handeln.

Erreichtes bewahren

Wenn Sie nach der obigen Übung zum ersten Mal wieder in eine der bewussten Situationen geraten sind und merken, dass Sie kurz davor sind, wieder nach dem alten Muster zu reagieren, dann halten Sie inne. Erinnern Sie sich an Ihre in der Übung visualisierten inneren Bilder und verhalten Sie sich diesen Vorstellungen, Ihren eigenen Vorstellungen, entsprechend.

Wenn Ihnen dies gelungen ist, dann sprechen Sie sich selbst anschließend Ihre Anerkennung und Wertschätzung aus oder machen Sie sich selbst ein kleines Geschenk.

ÜBUNG

BEGLEITEN SIE IHR VORHABEN FREUNDLICH

Immer wenn Sie eine dauerhafte Veränderung Ihres Verhaltens anstreben, ist es wichtig, dass Sie dabei freundlich zu sich selbst sind. Das gilt gerade auch dann, wenn das neue Verhalten, die neue Gewohnheit gegenüber den alten Mustern doch mal den Kürzeren gezogen hat. In solchen Momenten ist es ganz besonders wichtig, gut mit sich selbst umzugehen und sich nicht in zermürbender Selbstkritik und Selbstvorwürfen zu üben. Sehr viel besser ist es, zunächst einmal auf Distanz zu dem Geschehen zu gehen und es in Ruhe zu betrachten.

▶ Versuchen Sie die Situation so zu betrachten, als ob Sie gar nicht daran beteiligt gewesen wären, sondern sie als unbeteiligter Zuschauer beobachtet hätten.

▶ Versetzen Sie sich nun ganz in die Lage dieses neutralen Beobachters hinein. Überlegen Sie, was Sie der Person, die Sie da beobachten (also Ihnen selbst), nun raten würden, wenn es sich um eine gute Freundin oder einen guten Freund handeln würde. Was wäre hilfreich für sie, hilfreich für ihn? Wie könnten Sie dieser Person Ihre Bereitschaft signalisieren, sie oder ihn zu unterstützen? Was könnten Sie an Verständnisvollem, Liebevollem, Ermutigendem und Humorvollem sagen, statt einer niederschmetternden Kritik das Feld zu überlassen?

▶ Sagen Sie nun in Gedanken genau das, was Ihnen dazu eingefallen ist, zu sich selbst. Erst dann analysieren Sie die betreffende Situation und überlegen, was genau der Knackpunkt war, an welcher Stelle Sie also in altes Verhalten zurückgefallen sind. Sammeln Sie nun Ideen (eventuell auch schriftlich), was Sie unterstützen kann, wenn Sie sich das nächste Mal in einer ähnlichen Situation befinden.

EIGENE RHYTHMEN FINDEN UND BEWAHREN

Tag für Tag folgen wir alle vielfältigen Rhythmen, also Abläufen, die in bestimmten, regelmäßigen Abständen immer wiederkehren – beispielsweise sind das natürlich die Jahreszeiten oder der Tag-Nacht-Zyklus mit dem Wechsel von Schlafen und Wachsein. Auch unser Pulsschlag und Atem sowie unsere körperliche und geistige Leistungsfähigkeit folgen mehr oder weniger den uns einprogrammierten Rhythmen.

Neben solchen größtenteils unabänderlichen Rhythmen gibt es auch selbst gewählte Gewohnheiten und Rituale, die sich im Laufe des Lebens eingeschliffen haben oder die wir uns irgendwann bewusst angeeignet haben. Das sind unter anderem so alltägliche Dinge wie die Dusche am Morgen, die feste Uhrzeit für den Beginn der Mittagspause oder eine jährlich stattfindende Vorsorgeuntersuchung beim Arzt.

Auch Vorhaben wie jene, die in diesem Buch besprochen werden, haben einen Rhythmus, weil sich das Einüben stetig wiederholt – sei es täglich, wöchentlich, monatlich oder jährlich. Alles, was wir wieder und wieder tun, nimmt Einfluss auf unser Leben, und das in der Regel mehr, als es einmalige Ereignisse oder Aktionen zu tun vermögen.

Gehen Sie unter dieser Vorgabe mithilfe der folgenden Übung noch einmal Ihre Erfahrungen mit den sieben Ansatzpunkten zur Veränderung durch, wo Sie vielfältige praktische Anregungen zu mehr Ruhe und Gelassenheit ausprobiert haben:

1. Prioritäten setzen
2. Das Reaktionsschema knacken
3. Es wagen, Erwartungen anderer zu enttäuschen
4. Tempo rausnehmen
5. Sich selbst genug Zeit, Raum und Stille gönnen
6. Entscheidungen selbstbestimmt treffen
7. Die Konzentrationsfähigkeit stärken

Idealistisch darf nur die Richtung sein, alles andere muss praktikabel sein.

YEHUDI MENUHIN

ÜBUNG

NEUE RHYTHMEN ETABLIEREN

•

Machen Sie zuerst eine Bestandsaufnahme der regelmäßig wiederkehrenden Tätigkeiten und Ereignisse in Ihrem Leben, indem Sie ein Blatt Papier in zwei Spalten aufteilen. Die linke übertiteln Sie mit einem Minuszeichen, die rechte mit einem Pluszeichen. Dann fragen Sie sich, welche wiederkehrenden Ereignisse es bereits in Ihrem Alltag gibt. Was wiederholt sich täglich, wöchentlich, monatlich oder jährlich?

▸ Was davon tut mir gut? – Das tragen Sie in die rechte Spalte ein.

▸ Was ist eher schädlich für mich? – Das tragen Sie in die linke Spalte ein.

Dann gehen Sie Ihre Notizen zu den einzelnen wiederkehrenden Ereignissen noch einmal durch und markieren diejenigen, die Ihnen besonders gefallen, die Sie als effektiv empfinden und von denen Sie sich vorstellen könnten, sie dauerhaft zum Bestandteil Ihres Lebens zu machen – indem Sie sie ab jetzt bewusst regelmäßig wiederholen. Wovon würden Sie gerne mehr in Ihrem Leben haben? Und wie könnten Sie in Ihrem Alltag gegebenenfalls einen passenden Rhythmus dazu schaffen? Machen Sie sich Notizen dazu.

Wählen Sie dann einen der Punkte aus, indem Sie sich fragen:

▸ Was genau will ich regelmäßig tun, weil ich weiß, dass es mir guttut, dass es mich stärkt oder dass es mich ruhig und entspannt werden lässt?

▸ In welchem Rhythmus werde ich es tun? Also: Wann, wo und wie oft will ich es durchführen?

Lassen Sie eine konkrete Vorstellung vor Ihrem inneren Auge auftauchen, je genauer, desto besser. Schreiben Sie alle Details dazu auf. Wenn Ihr Vorhaben beispielsweise ist, regelmäßig einmal am Tag eine Atemmeditation wie auf Seite 74 beschrieben zu machen, dann stellen Sie sich vor, wie Sie auf ein bestimmtes Signal hin (beispielsweise ein Klang, den Sie in das Smartphone eingegeben haben), daran gehen, alles für die Atemmeditation vorzubereiten. Beispielsweise indem Sie dafür sorgen, ungestört zu sein, dann den Raum kurz lüften, Ihr Meditationskissen aus dem Schrank holen oder Ähnliches. Lassen Sie das ganze Vorhaben wie einen Film von Anfang bis Ende vor Ihrem inneren Auge ablaufen.

Versetzen Sie sich anschließend auch in Ihr Erleben nach der Meditation (oder der anderen schönen Tätigkeit Ihrer Wahl) hinein: Wie fühlen Sie sich? Hat es Ihnen gutgetan?
Lassen Sie diesen inneren Film gleich noch ein paarmal vor Ihrem inneren Auge Revue passieren: das Signal, die Vorbereitung, die Durchführung, der Abschluss. Auf diese Weise prägen Sie sich den Ablauf so ein, dass Sie später in der Realität gar nicht mehr darüber nachdenken müssen, sondern ihn fast automatisch abrufen können.

Ein fester Zeitrahmen

Wählen Sie für die obige Übung tatsächlich zunächst nur einen der Vorschläge aus den Ansatzpunkten aus, nicht mehrere auf einmal.

Das Prinzip der Übung lässt sich auf alle Vorschläge in diesem Buch übertragen. Auch bei einem Ansatzpunkt wie »Finden Sie Ihre Prioritäten« (siehe Seite 24) geht es um das »wann, wo und wie oft«. Legen Sie einen regelmäßigen Zeitpunkt fest, zu dem Sie sich die Prioritätenfragen jeweils stellen und dann auflisten, was Ihnen für den Tag am wichtigsten ist, beispielsweise einmal täglich am Morgen oder allabendlich für den kommenden Tag, wie es Ihnen am liebsten ist und sich für Sie am besten einrichten lässt.

Wählen Sie dann einen Zeitpunkt in der Zukunft aus – beispielsweise nach vier Wochen – zu dem Sie ein Resümee ziehen und Ihre bisherigen Erfahrungen reflektieren werden.

RHYTHMEN SELBST BESTIMMEN

Was wollen Sie öfter und regelmäßig tun, was seltener oder gar nicht mehr? Gestalten Sie die Rhythmen Ihres Lebens, auf die Sie Einfluss haben, selbstbewusster!

Mehr von solchen Dingen: Meditieren und Genießen, strukturierte Arbeitstage, Bewegung. Weniger davon oder weg damit: Multitasking und Stressessen, Aktenstapel, Ampel-Ärger …

Rhythmen für mehr Balance

Wenn Sie es sich angewöhnt haben, täglich Prioritäten zu setzen und Ihre Aktivitäten dementsprechend zu organisieren, werden Sie nach etwa vier Wochen bereits deutliche positive Veränderungen in Ihrer Arbeitsweise, Ihrer Konzentrationsfähigkeit und auch Ihrer Stimmung bemerken. Und: Nach vier Wochen ist das neue Verhalten wahrscheinlich schon so stark zum Bestandteil Ihrer persönlichen Rhythmen geworden, dass Sie es nicht mehr missen wollen. Denn Sie haben jetzt ganz praktisch erlebt, wie wohltuend es ist, konsequent Prioritäten zu setzen.

Sie können im Prinzip alle Ansatzpunkte sowie alle Übungen aus diesem Buch zum festen Bestandteil Ihres Alltags machen. Bald müssen Sie nicht mehr darüber nachdenken, sie sind Ihnen selbstverständlich geworden.

Wenn Sie sich zum Beispiel eine Imaginationsübung wie »Surfen durch das Info-Meer« (siehe Seite 61) zur Gewohnheit machen wollen, so ist auch hierfür eine feste Zeit empfehlenswert. Wenn Sie sich jeden Abend nach der Arbeit etwas Zeit nehmen, sich zu entspannen, ruhig zu werden und Abstand zum Arbeitstag zu gewinnen, ist das ein gutes Element in Ihrem Tagesrhythmus, das Ihre innere Ruhe, Ihre Souveränität und Gelassenheit stärkt.

Je positiver unsere persönlichen Rhythmen sind und je regelmäßiger wir sie pflegen, desto mehr kommen sie uns zugute, indem sie uns zufriedener und selbstbestimmter machen.

Nehmen Sie Ihr Glück in die eigenen Hände!

Sie können Ihr Leben aktiv gestalten, vieles selbst entscheiden, selbst wählen und damit auch aktiv etwas tun für das eigene Wohlbefinden. Vieles, was Sie in Ihrem Leben als Zwang empfinden, lässt sich wirkungsvoll verändern.

Unser Leben wird in erster Linie von unseren Gewohnheiten geprägt, von den Dingen, die wir wieder und wieder

> »Der Gelassene nutzt seine Chance besser als der Getriebene.«
>
> CHINESISCHES SPRICHWORT

tun. Ein sehr guter Weg zu mehr Ruhe und Gelassenheit ist es, in kleinen Schritten zu starten, uns Schritt für Schritt gute neue Gewohnheiten anzueignen. Das erfordert wenig Aufwand, sondern geht einfacher, als Sie vielleicht denken. Und es kann ungeahnte Energien freisetzen, aus dem Hamsterrad auszusteigen!

In dem Maße, wie es Ihnen gelingt, die Dinge, die Sie bei der Übung von Seite 116 links auf Ihrer Liste notiert haben, weniger werden zu lassen und stattdessen jene auf der rechten Seite zu vermehren, vermehren Sie auch Ihre Lebensqualität und Lebenszufriedenheit.

Schrittchen für Schrittchen für Schrittchen zur Ruhe kommen

Nicht vergessen: Nehmen Sie sich immer nur eine einzige Veränderung auf einmal vor und wenden Sie sich erst dann einer weiteren zu, wenn diese fest in das Repertoire Ihrer persönlichen Rhythmen übergegangen ist.

Tun Sie außerdem ganz bewusst Dinge, die Sie innerlich zur Ruhe kommen lassen: Musik hören, einem Hobby nachgehen, den Garten pflegen, spazieren gehen – was immer Sie als wirksam erleben. Wählen Sie aus dem Abschnitt »Zeit, Raum und Stille« (siehe ab Seite 69) diejenigen Methoden aus, die Sie am besten zur Ruhe kommen lassen, und integrieren Sie sie nach und nach in Ihr Repertoire der persönlichen Rhythmen. Vielleicht möchten Sie sich auch ein besonderes Ruheritual ausdenken, das Ihnen bei Bedarf dabei hilft, sich auch in Stressphasen gut entspannen zu können, sich zu sammeln und wieder frische Energie zu gewinnen.

ÜBUNG

WAS HAT SICH VERÄNDERT?

•

Schreiben Sie auf, was sich verändert hat, seit Sie begonnen haben, sich mit diesem Buch zu beschäftigen. Wie war es am Anfang? Wie ist es jetzt? Genießen Sie Ihre bisherigen Erfolge und sprechen Sie sich selbst ein dickes Lob dafür aus!

AUSWERTUNG DES TESTS AUS DER BUCHKLAPPE

Bitte achten Sie beim Ausfüllen des Testbogens auf die Buchstaben am Ende jeder Aussage und zählen Sie Ihre Punkte in den einzelnen Kategorien zusammen:

(M) = Multitasking-Dschungel .... Punkte
(H) = Harmoniefalle .... Punkte
(S) = Schnäppchenjagd .... Punkte

Je höher Ihre Punktzahl in einer Kategorie ist, desto anfälliger sind Sie für die jeweilige Falle, desto mehr treffen also die entsprechenden Verhaltensweisen auf Sie zu. Generell gilt: Je höher Ihre Gesamtpunktzahl ist, desto stärker ist Ihre Tendenz, sich irritieren und zu Entscheidungen verleiten zu lassen, die eigentlich nicht Ihre sind.

Im Multitasking-Dschungel

Spontaneität und rasches Reagieren sind für Sie selbstverständlich. Oft sind Ihnen diese Fähigkeiten im Alltag auch sehr nützlich. Es lebe die Abwechslung, so könnte Ihr Motto lauten. Nur zu gerne lassen Sie sich von plötzlichen Einfällen und Impulsen leiten – und oftmals auch ablenken. Sie unterbrechen das, was Sie gerade tun, um einer neuen Spur zu folgen. Die führt Sie zum Nächsten und zum Nächsten und zum Nächsten. Nicht selten folgen Sie auch mehreren Spuren gleichzeitig, versuchen Dinge parallel zu erledigen. Sie wollen rasch Ergebnisse sehen. Die langfristige Perspektive ist nicht so Ihr Ding. Dies führt leicht dazu, dass Sie den roten Faden verlieren, sich verzetteln und Ihre Prioritäten aus den Augen verlieren. Sie sind immer in Bewegung, Warten und Leerlauf finden Sie anstrengend.

Dieses Buch will Sie dabei unterstützen, neben Ihrer Spontaneität und dem raschen Reaktionsvermögen auch die Fähigkeit zu langfristig orientiertem Denken, zum gezielten Setzen von Prioritäten und zur Achtsamkeit zu stärken – zum Singletasking statt dem häufig erschöpfenden und fehlerträchtigen Multitasking.

Auf Schnäppchenjagd

Einkaufen macht Ihnen Spaß, na klar. Es gibt Ihnen jedes Mal einen Kick, bringt Spannung ebenso wie kleine Inseln der Entspannung in Ihr Leben. Doch wenn der Reiz des Neuen und die Bewunderung des Umfelds wieder verflogen sind, stellen Sie oft ernüchtert fest, dass Sie das, was Sie sich da angeschafft haben, nicht wirklich brauchen. Dabei drohen doch die Schränke schon aus den Nähten zu platzen. Das Geld aber ist futsch und fehlt an anderer Stelle. Und so haben Sie sich wahrscheinlich schon öfter vorgenommen, ab jetzt vernünftig zu sein. Doch so allgemein formulierte gute Vorsätze halten in der Regel nicht lange. Zu verführerisch die Schnäppchenwelt, zu euphorisierend der Streifzug durch Geschäfte oder Internet. Doch spätestens wenn Ihre Finanzen aus dem Ruder zu laufen drohen, während Ihr Warenlager beständig anwächst, sollten Sie gegensteuern. Das zur Gewohnheit gewordene unüberlegte Zugreifen macht Sie nicht glücklich.

Dieses Buch will Sie dabei unterstützen, mit dem unendlichen Warenangebot und dem Reiz, den es auf Sie ausübt, selbstbestimmt umzugehen, und zwar so, dass Sie selbst das Ruder in der Hand behalten und in der Lage sind, souveräne Entscheidungen zu treffen.

In der Harmoniefalle

Sie sind sehr sensibel und haben einen siebten Sinn für Stimmungen und Atmosphärisches, das ständig ungenannt mitschwingt. Die Schattenseite dieser Empfänglichkeit: Menschen in Ihrem Umfeld können Ihnen die Ruhe oft mit ganz einfachen Mitteln nehmen: Manchmal reicht eine hochgezogene Augenbraue, ein kritischer Satz oder eine schräge Bemerkung, damit Sie sich elend fühlen. Wie andere Sie (ein)schätzen, beschäftigt Sie sehr. Oft grübeln Sie lang über bestimmte Bemerkungen anderer und über erlebte Situationen nach. Wenn Sie den Eindruck haben, dass jemand etwas an Ihnen missbilligt oder sauer auf Sie ist, sind Sie bereit, sehr viel dafür zu tun, damit wieder Harmonie herrscht. Ihr Anspruch an sich selbst ist sehr hoch. Sie erwarten von sich, alles zur vollsten Zufriedenheit anderer zu erledigen, und erleben Fehler oft als Katastrophe. Und Fehler unterlaufen Ihnen vor allem dann, wenn Sie zu viel in kurzer Zeit zu erledigen haben – weil es Ihnen schwerfällt, Nein zu sagen. Dabei verlieren Sie leicht Ihre eigenen Interessen, Ihr eigenes Wohl aus den Augen.

Dieses Buch will Sie dabei unterstützen, sich unabhängiger von den Erwartungen anderer zu machen, Ihre Entscheidungen selbstbestimmter zu treffen, Nein sagen zu lernen, wenn es angebracht ist, und sich in vielerlei Hinsicht wieder mehr um Ihr eigenes Wohl zu kümmern.

BÜCHER, DIE WEITERHELFEN

BÜCHER AUS DEM GRÄFE UND UNZER VERLAG

Daiker, Ilona: *Gelassen wie ein Buddha: Meditationen und Achtsamkeitsübungen für 52 Wochen*

Engelbrecht, Sigrid: *Lass los, was deinem Glück im Wege steht*

Engelbrecht, Sigrid: *Lass los, was dich klein macht*

Engelbrecht, Sigrid: *Lass los, was dir Sorgen macht*

Eßwein, Jan: *Achtsamkeitstraining*

Freund, Lisa; Trökes, Anna: *Die Mantrabox* (Box mit Karten, Booklet und Audio-CD)

Grasberger, Dr. med. Deliah: *Autogenes Training (Buch mit CD)*

Kohtes, Paul J.; van Baren, Brigitte: *Zen. Meditationen, Achtsamkeits- und Körperübungen für 52 Wochen*

Mannschatz, Marie: *Meditation. Mehr Klarheit und innere Ruhe (Buch mit CD)*

Mertens, Wilhelm; Oberlack, Helmut: *Qigong (Buch mit CD)*

Seiwert, Lothar: *Lass los und du bist Meister deiner Zeit*

Trökes, Anna: *Yoga. Mehr Energie und Ruhe (Buch mit CD)*

Trökes, Anna: *Yoga zum Entspannen (Buch mit CD)*

BÜCHER AUS ANDEREN VERLAGEN

Bauer, Joachim: *Arbeit. Warum sie uns glücklich oder krank macht,* Heyne

Holl, Maria: *Fünf Minuten für mich: 52 kleine Oasen für mehr Energie und Ausgeglichenheit im Alltag,* Südwest Verlag

Huppertz, Michael: *Achtsamkeitsübungen,* Junfermann Verlag

Klein, Olaf Georg: *Zeit als Lebenskunst,* Wagenbach Verlag

Klingberg, Torkel: *Multitasking,* C.H. Beck Verlag

Mulford, Prentice: *Unfug des Lebens und des Sterbens,* Fischer

Rossi, Ernest; Nimmons, David: *20 Minuten Pause,* Junfermann Verlag

Weiss, Halko; Harrer, Michael E.; Dietz, Thomas: *Das Achtsamkeitsbuch,* Klett Cotta

SACHREGISTER

A ABC-Schema 35
Ablenkungen 26 f., 36 f., 86
Anerkennung 48 f.
Angetriebensein 11, 43
Arbeitsgedächtnis 32 ff., 92
Arbeitsplatz, Überforderung am 10
Aufräumen 29 ff.
Augen entlasten 71
Aussortieren 21 ff.

B Balance 120
Bauchgefühl 91
Bewertung 33 ff.

D Denken, zielgerichtetes 94
Denkmuster 108
Dopamin 36

E Eile 14, 63
Entscheidungen 34, 80 ff.
Erfolge 111
Erreichbarkeit, ständige 14

F Feierabend 67
Flow 100

G Geduld 62 f., 109
Gefühle 34, 35, 46 f.
Gelassenheit 56 f., 104 ff.
Geschwindigkeit 14 f., 56 ff.
Gewohnheiten 36 f.
Gleichartiges gruppieren 87
Glück 120 f.

Glück 82 f.
Großhirnrinde 46 f.

H Hektik 62 f.

I Impuls-Check 90
Impulse, innere 36 ff., 48, 88 ff.
Impulskäufe 12
Informationsflut 8 ff.
Innehalten 64 f.
Innere Antreiber 19, 43, 49, 63, 70

J Jonglieren 100 f.

K Kaufen 41
Kindheitserfahrungen 39, 48 f.
Konzentration 92 ff.

L Limbisches System 46 f.
Lob 48 f.

M Meditation 72 ff.
Multitasking 8 f., 58 ff.
Mut 108

N Neinsagen 53 f.
Nervensystem 76

P Pause 15, 51, 65
Prioritäten 18 ff., 80
Prioritäten-Filter 30 f.

R Reaktion 32 ff., 37
Reizüberflutung 73
Rhythmen, eigene 115 ff.
Rückschritte 26, 104

S Sachzwänge 20
Schlüsselerlebnis 105
Schnäppchen 12, 41
Sehsinn 71
Selbstbestimmung 13, 80 ff.
Selbstregulation 39
Selbstsorge 84 ff.
Stille 69 ff., 77 ff.
Stressreaktion 34, 97

U Ungeduld 14, 109
Unordnung 13, 29, 30

Unterbrechungen 50 ff.

V Vernunft 46 f.

W Wahlmöglichkeiten 11 f.
Weg, eigener 48 ff.
Werte 20 f., 44, 70, 80

Z Zeitdruck 10, 21, 70, 96
Zeitrahmen 117
Zentrieren 95
Ziele, eigene 55, 105 ff.
Zuhören 98 f.

ÜBUNGSREGISTER

Atemmeditation 74 f.
Aufmerksam bleiben 99
Auslösereize entschärfen 110, 112 f.
Begleiten Sie Ihr Vorhaben freundlich 114
Das Wort »neu« entzaubern 42
Der »innere Vollbildmodus« 64
Die Extraportion Bewusstheit 71
Dranbleiben 44
Ein Zielbild entwerfen 106
Einen Ansatzpunkt zum Rhythmus machen 116 f.
Einen Gegenstand voll erfassen 93
Energie tanken 66
Erlauben Sie sich etwas! 45
Gedanken in die Schublade stecken 68
Impulsen widerstehen 95
In kleinen Schritten zur Lösung 108

Innehalten und bewusst entscheiden 38
Innere Impulse identifizieren 36
Jonglieren mit ein bis drei Bällen 101
Kurz notiert ist halb erledigt 27
Lesen und Erinnern 94
Machen Sie Ihr Glück zum Maßstab 83
Mini-Auszeit 67
Nicht ablenken lassen! 86
Ohrenmassage 98
Schritt eins zu mehr Konzentration 50
Von Welle zu Welle im Info-Meer 61
Vorrangiges und Nachrangiges 22
Was hat sich verändert? 121
Welches sind eigentlich meine Prioritäten? 24 f.
Wer was von mir erwartet 52, 53, 54
Wochenrückschau auf Ihre Erfolge 89

IMPRESSUM

© 2015 GRÄFE UND UNZER VERLAG GmbH, München. Alle Rechte vorbehalten. Nachdruck, auch auszugsweise, sowie Verbreitung durch Bild, Funk, Fernsehen und Internet, durch fotomechanische Wiedergabe, Tonträger und Datenverarbeitungssysteme jeder Art nur mit Genehmigung des Verlages

Projektleitung: Reinhard Brendli
Lektorat: Barbara Kohl
Bildredaktion: Nadia Gasmi
Umschlaggestaltung und Layout: independent Medien-Design, Horst Moser, München
Satz: Reemers Publishing Services GmbH, Krefeld
Herstellung: Susanne Mühldorfer
Reproduktion: Longo AG, Bozen
Druck und Bindung: Drukarnia Dimograf, Polen

Bildnachweis

Fotos: Corbis: S. 16/17; Plainpicture: S. 6/7; Privat: S. 4; Stocksy: Cover, S. 3, 102/103
Illustrationen: Martin Haake
Syndication: www.jalag-syndication.de
ISBN 978-3-8338-3983-2
1. Auflage 2015
Die GU-Homepage finden Sie unter www.gu.de

Umwelthinweis

Dieses Buch wurde auf PEFC-zertifiziertem Papier aus nachhaltiger Waldwirtschaft gedruckt.

Gedruckt auf Condat matt Périgord, exklusiv bei der Papier Union.

Liebe Leserin, lieber Leser,

haben wir Ihre Erwartungen erfüllt? Sind Sie mit diesem Buch zufrieden? Haben Sie weitere Fragen zu diesem Thema? Wir freuen uns auf Ihre Rückmeldung, auf Lob, Kritik und Anregungen, damit wir für Sie immer besser werden können.

GRÄFE UND UNZER Verlag
Leserservice
Postfach 86 03 13
81630 München
E-Mail:
leserservice@graefe-und-unzer.de

Telefon: 00800 / 72 37 33 33*
Telefax: 00800 / 50 12 05 44*
Mo–Do: 8.00–18.00 Uhr
Fr: 8.00–16.00 Uhr
(* gebührenfrei in D, A, CH)

Ihr GRÄFE UND UNZER Verlag
Der erste Ratgeberverlag – seit 1722.

 www.facebook.com/gu.verlag

Ein Unternehmen der
GANSKE VERLAGSGRUPPE